나만 알고 싶은
제주 부동산 투자 비법

나만 알고 싶은

제주 부동산 투자 비법

| 장혁철 지음 |

15년 투자
전문가가 알려주는
제주 부동산 투자의
A to Z!

매일경제신문사

추천사

　미래 사회는 소수의 회사와 소수의 인재가 다수의 인구를 먹여 살리는 시대가 될 것입니다. 이런 사회가 진행될수록 인구는 특정 지역에 집중될 수밖에 없습니다. 이미 많은 사람이 지방을 떠나고 서울을 중심으로 한 핵심지로 몰려들고 있습니다.

　우리는 서울 지역이 부동산의 측면에서 향후 유망하다는 것을 모두 알고 있습니다. 좋은 대학, 좋은 교육 여건, 좋은 직장이 몰려 있는 지역에는 사람이 계속 모이고, 제조업 중심의 지방 도시들은 쇠퇴할 가능성이 큽니다. 이미 지방의 많은 제조업체가 비용을 줄이기 위해서 해외로 떠나고 있습니다.

　하지만 동시에 대한민국 전체 사회의 피로도는 계속 높아지고 있습니다. 무한 경쟁과 빈부 격차가 가중되면서 사람들은 휴양지를 찾고 있습니다. 앞으로도 더 많은 사람이 바다가 보이는 휴양지에서 휴가를 즐기거나 혹은 중단기 거주를 할 수도 있습니다. 서울에 거주하는 사람들도 제주에 휴양지에 세컨 하우스를 사서 수시로 거주할 수 있고, 노년을 즐기는 사람도 많아질 것입니다.

저자가 분석하고 있는 제주의 부동산은 그런 의미에서 보면, 대한민국에서 앞으로 유망한 지역입니다. 장기적으로 볼 때 제주 부동산의 가치는 우상향할 가능성이 큽니다. 다만, 제주라는 지역의 특수성이 있어서 제주에 기반이 없는 일반인이 접근하기 어려운 것이 사실입니다. 그 때문에 저자가 수년의 경험을 담아서 상세하게 분석하고 있는 이 책의 가치가 높다고 할 수 있습니다.

저는 블로그, X, 인스타그램, 스레드에서 수십만의 팔로워를 가지고 있습니다. 이렇게 영향력을 가지기 위해서 그동안 많은 강의를 듣고, 많은 책을 읽었습니다. 한 분야에서 성과를 얻기 위해서는 그 분야를 먼저 걸어간 사람들의 경험을 배우는 것이 가장 좋은 방법입니다.

저자가 수년간 경험하고, 철저한 조사를 통해 만들어진 이 책은 제주 부동산에 관심이 있는 분들에게 큰 도움이 될 것이라 생각합니다. 내가 잘 모르는 분야를 걸어간 사람의 소중한 경험을 책 1권으로 얻는다는 것은 매우 귀한 일입니다. 이 책을 일독하셔서 제주 부동산에 대해 보다 현명한 접근을 하게 되시기를 기원합니다.

- 《부의 통찰》, 《부를 끌어당기는 글쓰기》 저자 부아c

책을 쓰는 이유

2년 전, 나는 제주의 한 독서 모임에서 '내 생애 첫 부동산 투자'라는 주제로 강의를 했다. 돌이켜 보면 떨리는 가슴을 억누르며 떠듬떠듬 전하는 내 이야기에 귀 기울여준 회원들이 있어 결국 이 책을 쓸 수 있었던 것 같다. 먼저 이런 계기를 만들어주신 그분들께 진심으로 고마움을 전하고 싶다.

필자의 본업은 공인중개사로, 중개 업무와 부동산 강의, 독서 모임을 병행하면서 꽤 놀라운 사실을 발견했다. 해당 독서 모임과 강의에 참여하는 분들이 나이, 성별, 학력, 직업을 불문하고 '제주와 제주도 부동산에 관한 관심이 정말 높다'라는 점이었다. 실제 내 강의를 듣는 분들의 연령대는 20~70대까지, 대학생, 직장인, 전문인 등 다양하다.

수강생 한 분은 '제주 여행 일정 가운데 하나가 제주도 부동산 강의를 듣는 것'이라고 하며 내 강의에 참석해서 깜짝 놀랐고, 수강 이유를 묻자 '제주를 제대로 이해하기 위해 제주 부동산 공부가 도움이 될 것 같다'라는 답변을 해 한 번 더 놀랐던 기억이 있다.

일반인의 제주 부동산에 관한 관심은 이렇게 큰 반면, 제주 부동산의 흐름과 투자 시 주의할 점을 배울 수 있는 방법이 많지 않다.

다행히 나는 공인중개사 업무와 부동산 투자를 위해 시중의 많은 부동산 관련 서적과 제주특별자치도 조례, 제주도 도시기본계획 등을 통해 제주 부동산에 대해 학습할 수 있었다.

그럼에도 불구하고 실제 부동산 투자 시, 각종 개발행위에 관한 사항, 부동산 취득과 양도 시의 세금 관련 문제들은 관련 공무원, 건축사, 세무사, 법무사에게 자문을 구하기도 하고, 여러 번 시행착오를 겪기도 했다.

더 심각한 문제는 일반인 입장에서 해당 전문가들의 도움은 고사하고, 제주도 부동산 투자 시 반드시 알아야 할 경관보전지구, 특화경관지구, 생태계보전지구와 같은 용어조차 일반인에게는 너무 생소하게 들린다는 점이다.

중개사무소를 운영하다 보면 많은 손님으로부터 '제주도에 구옥이나 돌창고를 구해주세요'라는 요청을 받는데, 저마다 찾는 이유도 다양하다. 제주에서 은퇴 후의 삶을 계획하는 분, 카페 또는 숙소 운영을 꿈꾸는 분, 때때로 친구들과 낚시를 즐기고 싶은 분, 세컨드 하우스를 구하는 분 등, 이 밖에도 정말 수요가 많다.

실제 제주 올레길, 어촌마을, 중산간 마을을 돌아본다면 구옥을 활용해 리모델링한 카페나 숙소를 쉽게 발견할 수 있다. 비교적 적은 비용으로 건물 내외부를 수리하고 정원을 가꿔놓으면 제주 고유의 정취를 간직하면서도 꽤 매력적인 건축물로 재탄생되기 때문이다.

하지만 이와 같은 구옥과 돌창고는 쉽게 구할 수 있을까? 좀 더 세부적으로 원하는 지역, 면적, 구조, 예산의 조건을 충족하는 구옥이나 돌창고를 구하기도 어렵겠지만, 그 후의 과정들은 더욱 힘난할 것이다.

현실적으로 구옥이나 돌창고를 음식점, 카페 등의 상가 또는 숙소로 용도를 변경하고 허가를 받기까지는 적법한 요건을 갖추고 측량, 설계변경 등 생소한 절차들을 거쳐야 하는데, 그 비용과 시간도 또한 만만치 않게 소요된다.

최악의 경우지만, 위와 같은 구옥에 대해 매수 또는 임대차계약 시 체크할 사항을 놓치는 경우, 리모델링이나 용도변경이 불가할 수도 있다.

예를 들어, 건물 소유자와 해당 대지의 소유자가 서로 다를 경우, 그리고 구옥 앞 공공도로까지 하수관로가 있음을 확인했지만, 건물까지 연결되지 않았거나, 연결할 수 없는 경우라면 취득 목적대로 사용이 어려울 수도 있다. 이 밖에도 건축법상의 도로 폭 미달, 위반건축물 존재, 건축물이 인접한 토지의 경계를 침범한 경우 등 예상하지 못했던 많은 제약이 있을 수 있다.

2023년 11월 20일, 제주도는 하수도 배출 방법인 공공 하수관로 연결 및 개인 하수처리 시설 설치에 관한 하수도 사용 조례 일부 개정안을 발표했다. 하수관로가 미치지 않았던 지역의 하수처리 방법을 하수도법에 근거해 보완한 것이며, 이로 인해 큰 변화가 예상된다.

예를 들어, 이러한 개정안 시행으로 과거 창고, 퇴비사 등 및 일부 용도 외에 건축이 불가한 제주시 동지역 하수처리구역 외 지역에 개인 하수처리시설을 이용해 주거용 건축물과 일부 근린생활 시설까지도 건축이 가능해졌다. 우리가

지속해서 부동산 공부를 해야 하는 이유다.

　제주 해안을 따라 올레길을 걷다 보면 오랫동안 인적이 끊긴 것 같은 구옥을 쉽게 발견할 수 있다. 쾌청한 어느 가을날, 코를 통해 폐 속 깊게 파고드는 바다 내음을 느끼면서 걸음을 옮기다가 느닷없이 눈앞에 다가온 구옥은 마치 오랫동안 방황한 영혼의 안식처를 찾은 느낌까지도 들게 한다. 아마도 그 순간에 나는 흥분된 목소리로 해당 구옥의 소유주를 확인하거나 매수 가능 여부를 묻는 고객들의 전화를 종종 받는 것 같다.

　그런 문의를 받고 내가 확인한 구옥이나 돌창고들은 앞서 언급한 용도변경, 양성화 불가 등의 하자가 있는 경우가 많다. 즉, 건축법상 또는 현재 부동산의 물리적 상태로는 개발이 불가능하거나 비용이 과다하게 소요되는 것들이다.

　지금, 이 순간에도 제주도의 많은 토지와 구옥, 돌창고들이 거래되고 있다. 과연 그들은 이러한 사항들을 충분히 고민하고 계약을 하고 있을까?

　이 글은 내 삶의 의미와 핵심가치를 실행한 하나의 결과물이기도 하다. 부동산 강의를 시작하면서 '누군가의 지식과 노하우를 타인과 공유하는 일'이 내게 어떤 의미인지를 크게 깨달았다. 기존 책에서 내 삶의 영감과 방향성을 찾았듯이 책을 통해 부동산 지식, 노하우를 공유하고, 이를 통해 타인의 삶에 긍정적인 영향을 줄 수 있다면 그것은 무엇보다 가치 있는 일일 것이다.

　인간은 태어나면 반드시 죽는다. 그리고 나를 포함한 대부분의 사람들은 죽음을 두려워한다. 그렇기에 기독교의 구원과 천국, 불교의 극락과 윤회 등이 우리 마음에 위안을 주기도 한다.

〈용도변경이 불가해 철거하는 애월읍 금성리 구옥〉

출처 : 저자 작성

스티브 잡스(Steve Jobs)가 언급한 것처럼, 내가 어찌할 수 없는 죽음 대신 현재 내가 할 수 있는 것들에 집중하기로 했다. 내가 좋아하고, 잘할 수 있고, 의미 있고 가치 있는 것, 그것이 바로 부동산 지식과 철학을 공유하는 일이다.

유전자를 남기는 것이 인간의 물리적 존재의 이유라면 생각, 지식, 철학을 공유하는 것은 영적 인간의 존재 이유가 아닐까? 그렇게 공자(孔子), 노자(老子), 니체(Nietzsche), 괴테(Goethe)와 같은 사상가들은 죽어서도 영원히 우리 기억 속에 살아가고 있다. 위대한 사상가는 아니더라도 하루하루 주어진 삶을 온전히 살아가고, 내가 가진 지식과 철학을 이 책을 통해 공유하고자 한다.

이 책은 전반전과 후반전으로 나뉜다.

전반전에는 '제주도 부동산의 이해와 학습'이라는 테마로 제주도 부동산의 가치와 의미, 제주 부동산의 기회와 우리가 할 수 있는 방법, 부동산 투자의 원칙, 제주도 부동산 투자 시 미리 학습해야 할 사항 등을 담았다.

후반전에는 '제주도 부동산의 투자 실전'이라는 테마로 실제 제주도 부동산 투자 또는 계약 시 주의해야 할 사항, 피해야 할 부동산, 소액 투자의 방법, 제주 도시기본계획을 포함한 각종 정책을 통해 제주도의 새로운 기회와 인사이트를 담고 있다.

전반전

제주도 부동산의
이해와 학습

흙수저는 30억 원을
어떻게 벌었나?

다른 시도는 다른 결과를 낳는다

군대 전역을 앞두고 진로를 고민하던 중에 전역 예정 장교 특채를 통해 대기업에 입사할 기회가 있었다. 하지만 입사하더라도 결국 다른 사원들보다 경쟁력이 떨어져 '그 회사에서 성공을 거두지 못할 것'이라 생각하고 입사를 단념했다. 그렇게 생각을 정리하고 나는 2005년 군 전역과 동시에 호주로 워킹홀리데이 비자를 이용해 어학연수를 떠났다.

호주 시드니에 도착하자마자 운 좋게 오페라하우스 근처의 유명 호텔의 일자리를 구했는데, 문제는 숙소였다. 시드니는 서울처럼 주거 비용이 꽤 높은 편으로 워킹홀리데이 비자를 소유한 한국인들은 셰어하우스, 즉 하나의 주택에서 3~5명이 함께 주방과 거실, 욕실뿐만 아니라, 때에 따라 방까지도 공유(share)하는 주택에 머무는 것이 다반사였다.

나 역시 남들처럼 자연스레 셰어를 했지만, 방도 비좁고 누군가와 같이 써야

하는 2층 침대도 너무 불편했다. 그러던 어느 날, 집 앞 가로등에 붙여진 고급 아파트 임대 광고를 보고 바로 중개인에게 연락했다.

시장에서 과일을 구입하는 것조차 어려워했던 내가 수화기 너머 영어로, 게다가 단어도 생소한 부동산 용어로 말하는 것이 도무지 엄두가 나지 않았지만, 그럼에도 불구하고 나는 "I want to meet you. Where is your office?"라고 물은 후, 그의 부동산 중개사무실을 찾아갔다.

임대한 아파트는 경비원, 헬스장, 지정주차장, 테니스코트뿐만 아니라 수영장까지 있는 고급 아파트였고, 당시 유행했던 빨간 샤프 전자사전을 이용해 약 2시간에 걸쳐 계약서 내용을 확인한 뒤, 겨우 계약할 수 있었다. 그렇게 계약서 작성을 마치고 중개인과 서로 얼굴을 마주보고 한참 동안 웃었던 기억이 지금도 선하다. 서로 '고생했다'라는 의미였으리라.

아파트에 가전제품과 가구가 전혀 없어서 인근 스트라스필드 한인타운 중고 가구점에서 사기도 하고, 개인 간에 구입한 침대는 용달 비용을 아끼려고 시드니 한복판에서 매트리스를 이끌고 친구와 단둘이 옮긴 적도 있다.

그렇게 아파트와 가구는 마련했고, 이제 셰어할 사람들을 구하는 것만 남았다. 경험이 없으니, 단순히 한인들이 많이 이용하는 사이트와 골목골목 전신주에 광고해보기로 했다. 동네 벽보나 전신주는 기본이고, 한인들이 많이 다니는 마켓, 전철역까지 전단 붙이기를 쉬지 않았고, 그 결과 약 일주일 만에 집을 셰어할 4명을 구했다.

또한 시드니의 악명 높은 주차비 덕분에 당시 차가 없던 나는 임대한 아파트의 지정 주차공간까지 따로 임대를 줄 수 있었는데, 한 달 주차장 임대료는 200불이 넘었다. 당시 해당 금액은 셰어하는 사람들에게 제공하기로 한 쌀과 비품을 구입하고도 남는 돈이었다. 그렇게 셰어하우스를 운영하며 호텔에서 풀타임으로 일하다 보니 생활비, 어학원 수강료, 영어과외비 등을 모두 해결하고도 오히려 통장 잔고가 더 늘어나 있었다.

운 좋게 아파트를 임대하고 셰어하우스로 주거비를 아낀 것은 분명 보람 있고 흥미로운 일이었다. 하지만 그보다 중요한 것은 불과 25살이라는 나이에 타국에서 언어의 문제를 가지고도 내가 원하는 것을 시도하고, 그 속에서 '많은 갈등과 문제를 겪어보고 해결하는 경험을 했다'라는 사실이다.

현재의 나는 과거의 생각, 실행의 결과

이후 이런 경험은 나 자신의 걱정과 주변의 만류에도 불구하고 새로운 일들을 시도하게 해주는 밑거름이 되어주었다. 평소 나는 '안 된다'라는 생각을 포함해 고민 자체를 잘 하지 않는다. 일단 시도하면 일은 '되거나 되지 않거나'의 결과만 있을 뿐이다. 그렇다고 실패할 확률이 높아지는 것도 아니다. 대부분의 사람은 위험과 불확실성을 회피하려는 본능이 있다. 따라서 어떤 일이든 우선 시작해야만 우리 몸은 비로소 문제 해결에 필요한 것을 찾고 그에 따라 움직인다.

부동산 투자를 하면서 많은 사람들이 기회라고 여기며, 관심을 가지는 대상에는 될 수 있으면 투자하지 않는 편이다. 대신 다른 사람들이 왜 그것을 원하는지를 좀 더 들여다본다. 부동산을 예로 들면, 특정 지역의 대장 아파트보다는 그 주변에 저평가되거나 철저하게 외면받는 나 홀로 아파트나 빌라, 단독주택 등에 관심을 두고 투자 기회를 모색한다.

남들이 좀처럼 하지 않는 결정과 선택을 하기란 쉽지 않다. 하지만 그들과 다른 결과를 기대한다면 결국, 그들과 다른 시도가 있어야 그것을 얻을 수 있다는 것도 알아야 한다.

행운은 준비와 시도한 자에게 찾아온다

얼마 전 미국에서 메가밀리언스 복권 당첨자가 나왔다는 뉴스를 보았다. 당첨금이 무려 1조 6,000억 원, 세금을 제외한 실수령이 9,000억 원이라고 한다. 과연 상상도 할 수 없는 행운의 주인공은 누구이고, 어떻게 엄청난 복권에 당첨될 수 있었을까? 싱거운 소리처럼 들리겠지만, 그 사람은 분명 복권을 구입했기 때문에 당첨될 수 있었다.

너무 비현실적인 이야기인 것 같으니 우리 주변 사례를 들어보자. 2023년 현재 입주 중인 제주시 연동 e-편한 세상 센트럴파크 아파트는 2021년 분양 시 프리미엄이 적게는 수천만 원에서 1억 원까지 붙었다. 이때 청약 경쟁률은 평균 13:1로 그렇게 높은 수준이 아님에도 분양권 매도를 통해 짧은 기간에 수천만 원씩 수익을 거둔 분들이 많았다. 과연 그들은 로또에 당첨된 사람들처럼 뜻밖에 찾아온 행운의 주인공일까?

나는 무엇을 준비하고 시도했을까? 약 15년 전, 신입사원 시절 시중에 나와 있는 재테크 책들을 읽으며 종잣돈을 만들어야 함을 깨닫고 가장 먼저 1,000만 원을 모았을 뿐이다. 사실 그것이 여태껏 내 인생의 제일 큰 사건이자 계기였다.

그 무렵, 나는 동네 국밥집 사장님이자 공인중개사 한 분을 알게 되었고, '1,000만 원이면 조그마한 땅은 살 수 있지 않을까?'라는 생각에 그분께 '괜찮은 물건을 소개해달라'고 부탁했다. 얼마 지나지 않아 그 중개사는 비탈진 경사면에 잡목과 수풀이 무성하고 분묘가 2기나 있는 토지 하나를 내게 추천해주었다. 나는 가족과 지인들의 만류에도 불구하고 모아두었던 1,000만 원으로 덜컥 해당 토지의 매수계약을 해버렸다.

'어떤 것이든 관심과 애정을 쏟으면 어느덧 매력적인 대상으로 변한다', '부동산도 사랑하는 애인처럼 귀하게 대접을 해줘야 그 주인도 대접받는다'라는 당시 중개사의 조언이 그 어떤 말보다 마음에 와닿았기 때문이다.

〈당시 매수한 분묘 2기가 있는 토지의 잡목 제거 후 모습〉

출처 : 저자 작성

〈분묘까지 깔끔하게 정리된 생애 첫 토지〉

출처 : 저자 작성

하지만 총매매대금이 약 1억 원이었는데, 계약금이 불과 1,000만 원밖에 없던 나는 잔금 마련이 쉽지 않았다. 매수한 토지를 담보로 약 5,000만 원을 마련했고, 부족한 금액은 예비 장인어른의 도움까지 받으며 겨우 마련할 수 있었다. 이 또한 운이 따른 것이다.

경험은 또 다른 기회로 연결된다!

소유권이전등기 후 나는 토지에 무성하게 자란 수풀과 잡목을 제거했다. 그러고 나니 분묘 2기는 더욱 도드라지게 보였고, 해당 분묘들을 하루빨리 이장시키기 위해 토지 주변 지주분들에게 수소문하고, 분묘 앞에 안내 팻말을 붙여두기도 한 끝에 연고자를 찾을 수 있었다.

해당 묘지주와 여러 번 면담 끝에 소정의 이장비를 드리는 조건으로 분묘 이장에 합의했고, 그 후에도 경계측량, 경계 울타리 조성, 배수로 흄관 설치 및 진입로 확장, 토목작업 등으로 땅의 경계와 토지 전체를 한눈에 알아볼 수 있도록 만들었다.

그 시절에는 미처 몰랐지만, 나는 꾸준히 해당 토지의 교환가치를 올리고 있었던 것이었고, 약 5년 뒤 매입가 대비 2.3배의 가격으로 매도할 수 있었다. 부동산에 관한 지식과 경험이 없기에 자칫 투자 손실을 볼 수도 있었지만, 그 사건이 계기가 되어 현재까지 수많은 부동산 경험도 쌓고, 목표했던 순자산 30억 원도 모을 수 있었다.

가족들과 친구들도 뜯어말리는 물건, 시장에서 철저하게 외면받는 부동산을 사고팔았던 경험은 자연스레 가격은 저렴한 반면, 가치가 높거나 잠재적 가치를 가진 부동산을 찾는 습관을 만들어주었다.

여담으로, 그리 드라마틱하거나 운명적인 일은 아니지만, 나에게 생애 첫 토지를 중개해주었던 그 부동산 중개사님은 나의 부동산 멘토가 되어주셨다. 그뿐만 아니라 나는 그분의 부동산 상호였던 '남촌 부동산'을 물려받아 현재까지 중개사무소를 운영하고 있다.

우연한 일과 계기가 새로운 기회를 만들기도, 스치는 인연을 끈끈하게 만들어줄 수도 있다. 준비와 시도를 한다면 말이다.

호기심은 꿈과 열정을 자극한다

나는 2남 2녀 중 막내로 태어나 계획적이기보다는 감정에 따라 자유분방하고 호기심 많은 삶을 살아왔다.

지금도 이런 성격 탓에 멋진 집과 공간을 마주할 때면 가던 길을 멈춰 그곳을 훑어보기를 좋아한다. 운 좋게 주인과 마주치기라도 한다면 "선생님! 집이 너무 멋지네요! 잠시 구경해도 될까요?" 하며 자연스레 이야기꽃을 피울 정도다. 함께 있던 내 가족들에게는 민망하고 오글거리는 순간이지만, 그런 오지랖과 호기심이 내 인생과 부동산 투자에 적지 않은 영향을 준 것은 틀림없다.

학생과 회사원 시절에는 내가 속한 사회 속에서 경쟁하고, 그 가운데 우수한 성적을 거두는 것이 유일한 성공의 길이라고 생각했다. 여느 학생처럼 학원을 전전하고 밤늦도록 독서실에서 졸음과 씨름했고, 취업준비생 시절에는 고시원과 어학원에 살다시피 했다. '과거 열정을 쏟아부었던 순간, 과정을 거치며 비로소 현재의 내가 되었다'라는 점에서 정말 뜻깊은 일이다.

그럼에도 불구하고 현재의 사교육과 공교육 시스템, 직장, 취업에 관한 사회 인식은 태어날 때부터 우리를 정해진 틀과 정해진 방식으로 경쟁시킨다. 내가 무엇을 원하는지, 무엇을 잘하는지를 탐구할 시간도 없이 말이다. 결국 꿈은 학창 시절의 학생부 '장래희망' 란에서만 존재할 뿐, 더 이상 꿈꿀 수 없는 것이 현실이다.

다행인지 불행인지 나는 대기업에 입사했고, 회사에서 주어진 업무가 내 삶의 목표와 꿈인 양 일을 해나갔다. 입사 후 9년이 흐른 어느 날, 문득 10년 후 나의 모습을 상상해보았다. 미래를 예상해보는 것은 그리 어렵지 않았는데, 그 이유는 내 앞에 앉아 있는 과장님과 지점장님이 나의 미래였기 때문이다. 물론 운이 좋다면 회사의 임원도 될 수 있지만, 왠지 나는 그마저도 우울할 것만 같았다.

비교적 높은 연봉과 복지 혜택을 제공하는 직장이었지만, 그곳에서 내가 원하고 꿈꾸는 삶을 채울 것들(의미, 가치, 재미 등)을 찾을 수 없었다. 정작 흥미로운 세계, 호기심의 대상은 회사 밖에 있었지만, 솔직히 그 달콤한 꿀통을 벗어날 용기가 나지 않았다.

놓으면 비로소 보이는 것들

운 좋게도 아내를 설득하고(아니, 그것은 결국 나 스스로를 위한 설득이었다), 그렇게 9년을 다닌 회사를 퇴사할 수 있었다. 그 후, 개인 회사를 만들어 가족과 동업을 했지만 이내 실패했다. 고정 수입도 없고 생활의 안정감과는 점점 멀어져갔지만 반대로 내면을 들여다볼 수 있는 시간이 많아지면서 '내가 꿈꾸는 삶은 무엇일까?'에 대한 고민은 커져만 갔다. '내가 좋아하는 것, 내가 잘할 수 있는 것은 무엇일까? 과연 이 2가지가 같을 수는 없을까?' 같은 고민 말이다.

한 가지 일을 오랫동안 지속하는 것은 정말 어렵다. 하지만 그 대상이 재미있고 무한한 호기심을 주는 일, 가치 있는 일이라면 어떨까? 20대에 법원 경매에 도전하고 '맹지'의 의미와 건축법상의 제한사항도 정확히 몰랐지만, 인접 토지주와 협의를 위한 편지를 보내고, 토지 교환 계약서를 작성하고, 분할측량을 하고, 양도세 절세와 매도를 위해 경계담도 조성하고 토목작업도 했다.

요즘도 나는 '다른 지역의 부동산과 비교해 제주 부동산의 특징은 무엇일까?'라는 고민을 통해 제주 부동산의 가치와 미래는 무엇이고, 그런 기회와 잠

재력을 가진 부동산을 매일 찾는다. 무엇이 그런 열정과 에너지를 주는 것일까?

누군가는 '꾸준한 사람은 당할 자가 없다'라고 했다. 더불어 나는 무언가를 '꾸준히 하기 위해서는 호기심을 잃지 말아야 한다'라고 덧붙이고 싶다. 그것은 우리의 일, 관계, 꿈 모두에 적용되는 것이므로 명심하자.

제주도 부동산 투자
성공 사례

경매

부동산 성공사례를 소개하려고 하니, 실패한 경험이 먼저 떠오르는 것은 왜 일까? 사람은 잘했던 일보다 오히려 실수하거나 잘못한 일을 통해 더 큰 깨달음을 얻을 수 있으니 창피한 에피소드도 함께 언급하고자 한다.

2008년에 비교적 이른 나이에 생애 첫 부동산 투자를 했다. 회사에 다니며 1년 동안 모은 종잣돈 1,000만 원을 가지고 제주시 선흘리 토지 약 900평(총매매 대금 1억 원)을 계약하고, 장인어른께 4,000만 원을 차용하고 나머지 금액은 은행 대출을 통해 잔금을 치렀다.

그렇게 토지를 매수하자 부동산 공부와 투자의 열망은 더 커져만 갔고, 마음 속으로 '지금은 가진 돈이 없어도 여유자금만 생기면 저렴하게 부동산을 매수 할 수 있는 법원 경매에 도전해야지'라고 생각했다. 그런 생각으로 회사 퇴근 시 간을 이용해 약 6개월간 대학교 부설 평생교육원의 '부동산 경매 실무 과정'을 이수했다.

동시에 시중의 경매 관련 책들을 읽고, 유료 경매 사이트를 통해 제주지역의 부동산 물건을 자주 접하면서 권리분석도 제법 할 수 있게 되었다. 물론 법정지상권, 유치권, 가장임차인 등 권리관계가 복잡한 물건은 투자 대상에서 과감히 제외하고, 내가 거주하는 지역의 토지를 중심으로 살피기 시작했다.

내 고향은 에메랄드빛 해변을 품고 있는 협재리로, 1년 내내 내외국인들의 발길이 끊이지 않는 마을이다. 투자처로도 '협재리'가 좋았던 점은 당시는 제주 부동산에 대한 중국인들의 투자와 관심이 높던 시기였는데, 중국인들은 유난히도 제주 해변지역을 선호했고, 그런 점에서 해수욕장을 품고 있는 협재리도 예외가 아니었다.

한편, 부모님과 주변 분들이 나누는 부동산 이야기도 자연스레 접할 수 있었는데, 특히 "엊그제 길동이 삼촌네 집이 평당 300만 원에 외지인한테 팔렸다고 하더라", "양모가실 설드럭(한림읍 협재리의 특정 지명)이 평당 100만 원에 매물로 나왔네요" 등의 부동산 관련 이야기는 해당 지역의 투자 동향을 파악하는 데 큰 도움이 되었다.

그렇게 매주 경매 사이트를 통해 협재리 매물을 빠짐없이 확인하다 보니 원하던 위치의 소형 토지가 경매로 나왔다. 해당 물건은 협재해변과 금능해변에서 1km 거리에 있는 일주서로에 접한 토지로, 2011년 당시 주변에 타운하우스와 단독주택 등의 건축이 활발해, 향후 해당 도로를 따라 근린생활 시설과 숙박업소들이 들어오면, 토지 가격도 상승하리라 예상되었다.

〈협재리 일주서로에 접한 경매 물건〉

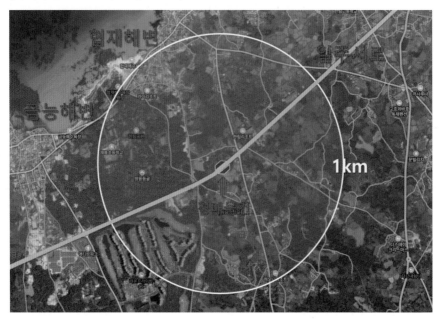

출처 : 네이버 지도, 저자 편집

　다음 자료처럼 4차선 도로에 접하고 중간에 도로를 두고 마주 보는 형태의 토지 2필지로 면적은 각각 99평, 138평의 토지로, 일반적으로 보면 면적에 비해 토지가 너무 길쭉해서 활용도가 떨어지게 보였고, 그런 이유로 양가 부모님 모두 한사코 입찰을 말렸었다.

　나는 토지의 단점보다 장점이 훨씬 많다고 판단하고, 감정가 대비 각각 88%, 80%의 가격으로 낙찰받았다. 낙찰가 대비 70%의 금액을 대출받아 투자금 1,500만 원으로 약 5,500만 원 상당의 토지를 매입한 셈이었다.

〈낙찰받은 도로에 접한 2건의 토지 모양〉

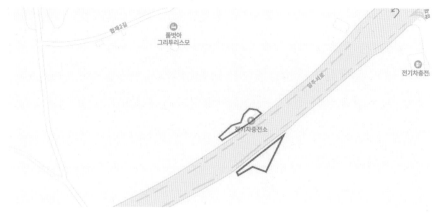

출처 : 지지옥션

〈낙찰받은 경매 사건 사례〉

제주4계 2010 타경 17248[2] 전

| 사건내용

관심물건	[낙찰완료] 메모:						수정
관련물건 번호	<	1 종결	2 종결				>
소 재 지	제주 제주시 한림읍 협재리 21 -3 [일괄]-6.						
경매구분	임의경매		채 권 자	한○○○			
용 도	전		채무/소유자	윤○○	매 각 기 일	11.05.23 (25,620,000원)	
감 정 가	31,920,000 (11.01.10)		청 구 액	15,797,918	종 국 결 과	11.07.22 배당종결	
최 저 가	22,344,000 (70%)		토지면적	456.0㎡ (137.9평)	경매개시일	10.12.28	
입찰보증금	2,234,400 (10%)		건물면적	0㎡ (0.0평)	배당종기일	11.03.18	
주 의 사 항	· 농지취득자격증명 특수件분석신청						
조 회 수	·금일조회 1 (0) ·금회차공고후조회 105 (2) ·누적조회 197 (2)				()는 5분이상 열람	조회통계	

《가지고 계신 물건사진을 등록하면 사이버머니 지급 또는 광고를 게재해 드립니다 》

출처 : 지지옥션

내가 파악한 해당 토지의 장점은 다음과 같다.

• 적은 비용으로 도로에 접한 토지 구입이 가능하다.
• 도로에 길게 접한 토지로, 차량의 진·출입이 쉽고 가시성 역시 좋다.
• 해당 토지에 접한 맹지가 다수 있어 추가 수익을 올릴 가능성이 있다.

〈필자의 경매 투자 사례〉

단위 : 만 원

구분	개수		매도		금액			수익	
	시기	면적(평)	시기	면적(평)	매수	비용	매도가격	세전	세후
토지 1	2011년	138	2016년	180	2,562	1,500	24,430	20,368	10,468
토지 2	2011년	99	2017년	99	2,011	300	7,000	4,689	4,159

출처 : 저자 작성

잔금을 납부하고 나는 해당 토지를 LX 한국국토정보공사에 의뢰해 경계복원측량을 한 뒤, 성토작업을 하고 울타리 돌담을 조성했다. 도로 높이에 맞춰 지대를 평탄화하고 경계담까지 쌓으면 보기도 좋고, 한눈에 해당 필지를 가늠할 수 있어 그렇지 않은 토지에 비해 매도하기도 쉽다. 또한, 해당 비용은 양도세 납부 시 모두 비용으로 인정되는 장점도 있다.

특히 협재리 21○○-3번지는 뒤편의 맹지 소유주와 서로의 토지를 교환했는데, 도로에 접한 부분이 필요한 맹지 소유주에게 나의 토지 7평과 맹지 50평을 맞교환하는 계약이었다. 추후 내 토지를 평당 135만 원에 매각했으니 해당 교환계약으로 약 5,800만 원의 이익을 거둔 셈이 되었다.

경우에 따라 맹지와 도로를 접한 토지의 교환 비율은 약 3~10배 정도로 당사자 간 협의에 의해 결정되니, 참고하기 바란다.

하지만 숨기고 싶은 과오도 있었다. 앞의 토지를 매도하면서 양도세를 줄이고자 실제 2억 4,000여만 원에 매도한 토지 매매 가격을 1억 5,000만 원으로 계약서를 작성하고, 양도세를 적게 납부했던 것이다. 다운계약은 부동산 거래 시 매도자는 양도소득세를, 매수자는 취득세를 줄이기 위해 계약서에 실제로 거래한 거래 가격보다 낮은 가격을 기재해서 신고하는 것을 말한다.

하지만 7년이란 시간이 흐른 얼마 전, 이러한 문제로 세무조사를 받았고, 새롭게 결정된 세금에 신고불성실가산세까지 합해 약 8,000만 원을 추가로 납부했다. 이렇듯 눈앞의 작은 이익을 추구해서 잘못된 선택을 한다면, 마음도 편하지 않을 것이고 불성실신고로 내지 않아도 될 가산세까지 납부해야 한다.

'이게 바로 소탐대실(小貪大失)의 경우구나' 하고 크게 뉘우칠 수 있게 된 계기가 되었다. 세무조사를 받지 않았다면 세금은 아낄 수 있어도 잘못을 바로잡고 깨달을 기회는 없었을 것이다. 시간이 흘러 노년기에 유사한 문제를 겪는다면, 과연 헤어 나올 수 있을까? 절대 쉽지 않을 것이다.

이렇게 나의 첫 경매 사례는 토지를 낙찰받아 단순히 차액을 남긴 것이 아니라 측량, 토목작업, 울타리 조성, 교환 등의 수많은 과정과 시행착오를 거치며 부동산 투자의 기초와 원칙을 다지는 귀중한 경험이 되었다.

맹지와 급매

토지 교환 경험 이후로 토지를 임장하면서 생긴 습관이 하나 있다. 그것은 다름 아닌 투자 대상 토지 주변에 맹지가 있는지를 살피는 것이다. 직접 체득한 지식은 기존 이론으로만 알고 있던 맹지를 새로운 시각으로 볼 수 있게 해주었고, 더 나아가 맹지는 내게 매력적인 투자의 대상이 되었다.

현재 제주 제2공항 건설 예정지역은 성산읍 신산리 일대로 확정되었으나, 과거 2010년대 초에는 기존 제주공항 확장안과 함께 신공항 후보지로 성산읍 신산리, 구좌읍 김녕리, 남원읍 위미리, 대정읍 신도리 등 총 4곳을 선정했다. 최종적으로 2015년 11월에 성산읍 신산리 일대가 제주 제2공항 예정지로 선정되기 전까지는 오름 등의 장애물이 상대적으로 적은 대정읍 신도리에 무게가 더 실리는 분위기였다.

그래서 나는 2015년 1월에 대정읍 신도리에서 약 5km, 차량으로 약 5분 거리에 떨어진 옆 마을 한경면 고산리의 토지 1필지를 매수했다. 그 당시, 33페이지 자료처럼 대정읍 신도리의 빨간색 다각형 위치에 신공항 예정 후보지가 발표되었다. 나는 발 빠르게 공항 부지로 수용될 가능성이 없는 곳, 소음지역과 다소 떨어진 곳, 신공항 후보지와 차량으로 5분 거리의 한경면 고산리 토지를 매입했다.

과거 한경면 고산리는 제주도에서 몇 안 되는 벼농사가 가능한 지역으로, 농업진흥지역으로 지정되어 개발이 상대적으로 더딘 지역이었다. 이후 2008년에 제주도 내 농업진흥지역이 일제히 해제되면서 고산리 일대에도 각종 개발행위

〈필자의 경매 투자 사례〉

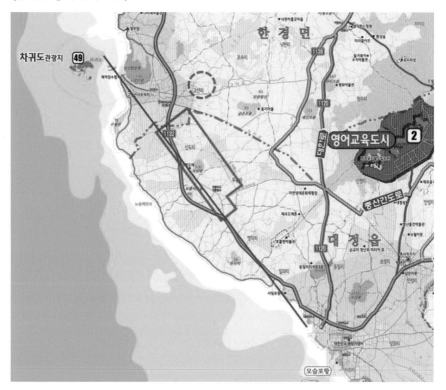

출처 : AOD

가 가능해졌음에도 불구하고, 대부분의 토지가 농지로 이용되어왔기에 주거 기
반 시설이 부족한 곳은 현재도 대부분 그대로 남아 있다. 그렇기에 제주 제2공
항 건설에 따른 해당 지역 부동산에 미칠 영향은 엄청날 것으로 기대되었다.

하지만 2015년 11월 10일에 제주 제2공항 최종 후보지가 성산읍 신산리 일
대로 발표되면서 지역 주민과 나의 바람도 물거품이 되었다. 그렇다면, 2015년
당시 고산리 토지 720평을 평당 2만 원에 매수한 해당 투자는 정말 실패한 것
이었을까? 매수한 토지는 이전 소유주가 인접한 토지를 추가로 매수해 태양광

〈최종 확정된 성산읍 온평리 일대의 제주 제2공항 건설 예정지〉

출처 : AOD

사업을 하고자 했으나, 토지 매수가 여의치 않자, 수년 전 본인이 매입한 가격보다 낮은 금액에 처분하는 이른바 '급매물'이었던 것이다.

사실 그 당시 매입한 토지는 소나무가 빽빽이 자라고 있는 입목본수도*가 50% 이상의 임야로, 건축이나 개발이 불가능할 것처럼 보이는 토지였다. 그럼에도 불구하고 당시 도로를 접하고 개발이 가능한 인근의 농지가 최소 15~20만 원에 거래되었던 사례를 감안하면 그야말로 헐값에 매수한 셈이었다. 반면, 2013년부터 제주도 전 지역에 걸쳐 소나무재선충병이 크게 확산되면서 매수한

* 입목본수도 : 현재 자라고 있는 입목의 본수나 목재 부피를 그 임지(임야)에 적절한 본수나 목재 부피에 대한 비율로 나타낸 수치

고산리 토지의 소나무들도 대거 고사하고 말았다.

〈2013년 해당 고산리 토지에 소나무가 빽빽하게 자라는 모습〉

출처 : 저자 작성

〈2019년 해당 고산리 토지 내 대부분의 소나무가 고사한 모습〉

출처 : 저자 작성

참고로 고사목 벌채를 실시한 후 5년이 지나지 않을 때는 벌채 전의 입목을 환산해 입목본수도를 적용하지만, 그 이후에는 현재 입목의 상태를 적용하기에 매수한 고산리 토지의 건축 여건이 좋아진 만큼 그 가치도 크게 올랐다. 현재 인근의 유사한 토지가 평당 30~40만 원인 것과 비교하면, 8년 만에 토지 가격이 최소 10배 이상은 오른 것이라 볼 수 있다.

'궁하면 통한다'라고 하듯, 나로서는 그 당시 정말 매수하고 싶은 지역이었기에 중개사들뿐만 아니라 해당 마을 이장님과 주민분들, 하물며 나의 가족한테도 '고산리 토지를 구해달라'라고 기회가 있을 때마다 부탁했다.

정말 아이러니하게도 해당 토지를 구해준 분은 다름 아닌 내 어머니였는데, 막내의 이야기를 허투루 듣지 않고 자식을 위해 열정적으로 그 지역의 토지 소유주나 지인들에게 직접 연락해서 매물을 찾아준 것이었다. 나의 행운은 여기에 그치지 않았다. 앞서 언급한 대로 상기 토지를 구입하면서 해당 토지에 접한 맹지의 매수도 검토해두었고, 수소문한 끝에 도외에 거주하는 소유주와 연락이 닿을 수 있었다.

하지만 풀어야 할 난관도 있었다. 해당 맹지의 소유주분은 안타깝게도 금치산자(자기 행위의 결과를 합리적으로 판단할 의사능력이 없는 상태) 선고를 받은 상태였고, 배우자분께서 해당 토지를 처분해 병원비에 보태고자 했다. 당연히 후견인인 배우자를 통해 쉽게 매도할 수 있을 것으로 생각했지만, 그리 간단한 문제가 아니었다.

금치산자의 재산은 배우자나 직계가족이 임의로 처분할 수 없으며, 친족 회의를 거쳐 대리인에게 처분에 관한 권한을 부여하는 법원의 판결을 받아야 한다. 그렇게 친족회의의 결의와 법원 판결을 받고 매매계약을 진행하기로 합의했지만 6개월이 지나도 해당 과정이 진행되지 않았다. '이대로 포기해야 하나?'라고 체념하고 있을 때, 귀인이 나타났다.

도내 한 법무사 사무소에서 일하던 후배와 점심을 먹다가 해당 문제에 대해 무심코 넋두리를 하게 되었는데, 내 고민을 듣고는 "현지로 출장을 가서 친족회의에 필요한 서류도 챙기고 법원에 판결도 신청하겠다"라는 것이었다. 결과적으로 그 후배의 도움으로 약 1년이 넘도록 지지부진하던 매매계약 진행부터 이전등기까지 모든 일을 일사천리로 해결할 수 있었다.

〈필자가 A토지 구입 후, 추가로 매수한 B(맹지) 토지 사례〉

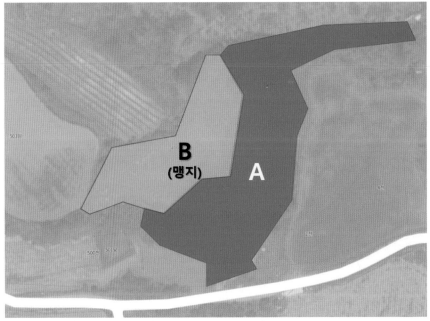

출처 : 네이버 지도, 저자 편집

여러 가지 예상치 못한 일들도 있었지만, 결과적으로 맹지를 매수하면서 전체적인 토지의 가치와 쓰임새를 더 끌어올릴 수 있었다.

앞의 자료처럼 공항 후보지 이슈로 토지(A) 720평을 2만 원에 매수한 뒤, 맹지(B) 380평을 2017년에 약 평당 9만 원에 매수할 수 있었고, 현재 시세는 도로에 접한 토지(A)와 같이 평당 30~40만 원으로 추정할 수 있다.

이 대목에서 독자들은 '맹지(B)를 도로에 접한 토지(A)보다 4배 이상의 가격을 주고 매입한 것이 투자 관점에서 합리적인가?'라고 생각할 수도 있다. 하지만 나는 '맹지를 평당 9만 원에 매수함과 동시에 그것은 나에게 평당 30만 원짜리 토지가 된다'라는 점에 집중했고, 매수와 동시에 약 8,000만 원 상당의 부가가치를 올렸다.

반면 급매로 매입한 토지(A)의 가격이 정말 헐값이었음을 말해주기도 한다. 고산리 토지 2필지의 토지 매수 비용은 총 5,200만 원에 경계담 조성에 2,200만 원을 더하면 총 투자 비용은 7,400만 원이 소요되었다.

2019년에 해당 토지를 담보로 은행 대출 1.2억 원을 받아 투자 원금을 모두 회수했음은 물론이고, 현재 해당 토지 가치는 매입가 대비 약 4.5배로 최소 3.3억 원 이상으로 평가된다. 맹지 투자는 비교적 소액으로 가능하지만, 수익률은 꽤 높은 투자 방법이다.

도로에 접한 토지를 소유한 상태에서 그 주변의 맹지를 적당한 가격으로 매수할 수 있다면, 그 즉시 2~3배가량의 수익을 거둘 수도 있기 때문이다.

한편, 어떤 대상에 언제 투자하든지 가장 중요한 점은 '싸게 사는 것'이다. 그런 점에서 급매물은 눈여겨볼 만한 투자 대상이다. 물론 급매물인지의 여부를 파악할 수 있는 실력을 먼저 갖춰야 하겠지만 말이다.

끝으로, 필자의 절대 실패하지 않는 부동산 매수 원칙 3가지를 공개한다.

1. 시세 대비 30% 이상 싸게 매입한다.
2. 누구나 원하는 물건을 구입한다.
3. 매수한 가격에 즉시 매도 가능한 물건을 구입한다.

당신의 투자 원칙은 무엇인가?

개발계획 활용하기

필자는 현재까지 2회를 제외하면 매번 1억 원 미만의 종잣돈을 활용해 부동산 투자를 했다. 경매 물건의 경우도 최근까지 3건을 낙찰받았지만, 모두 실투자금이 5,000만 원이 넘지 않았다. 종잣돈이 부족하기에 '합리적인 소액 투자 방법'을 항상 고민할 수밖에 없었다.

그러다가 주변 거래 사례를 익히면서 깨달은 점이 하나 있다. 도내 부동산 관련 개발계획(안)을 남들보다 빠르게 학습하고 투자 기회를 찾을 수 있다면, 비교적 소액으로도 투자가 가능하다는 점이다. 그 이유는 개발계획이 발표되어도 거래 사례가 많지 않은 지역의 경우, 시세 파악이 쉽지 않으며 오름세의 매매 호가가 형성되고, 실제 매매가 이뤄지기까지는 시간이 꽤 소요되기 때문이다.

어떤 분은 서울 아파트 한 채를 사서 기다리는 것이 가장 좋은 투자 방법이 라고 한다. 때에 따라 맞는 말일 수도, 그렇지 않을 수도 있다. 분명한 것은 투자 의 성공 여부는 '투자 자본에 대한 수익률, 즉 '투자 수익률'이 말해줄 것이다.

아쉽게도 필자 역시 여느 사람들처럼 서울 아파트 한 채를 매수할 여력이 없 다. 다만 내가 가진 종잣돈과 레버리지를 이용해 최대의 수익을 올리는 것이 부 자로 가는 유일한 지름길임을 배웠고, 그 방법으로 소액 투자처를 찾고 있다.

필자는 2021년에는 제주시 조천읍 신촌리에 위치한 지목이 전(田)인 토지 163평을 평당 65만 원에 매수했다. 수도권의 외부순환 고속도로와 같은 역할 을 하는 도로로 제주에는 애조로(애월읍 구엄리 ~ 조천읍 신촌리)를 1999년부터 구

〈제주시 애조로(애월읍 구엄리 ~ 조천읍 신촌리) 공사 현황〉

출처 : 네이버 지도, 저자 편집

간별로 공사해 현재 마지막 3.8km 구간만을 남겨놓았다. 애조로가 완전히 개통되어 해당 도로를 이용할 경우, 제주시뿐만 아니라 제주도 서부, 동부와 남부 지역까지 빠르게 이동할 수 있게 된다.

애조로 마지막 구간의 공사가 시작된 2020년부터 나는 해당 지역의 작은 토지를 찾기 시작했고, 비로소 2021년 초에 애조로 우측 끝 출구 지점에서 약 1km 반경(차량 5분 거리)에 속하는 조천읍 신촌리에 적당한 토지를 매수했다. 매수한 토지의 용도지역은 자연녹지로 건폐율 20%, 용적률 80%를 각각 적용받고, 단독주택, 제1종 근린생활 시설(소매점, 사무소 등) 건축도 가능해 애조로 개통 시 수혜를 볼 것으로 예상했다.

일반적으로 조천읍 신촌리 100~200평대의 토지 시세는 평당 90~100만 원인 반면, 해당 토지는 평당 65만 원으로 '30% 이상 싸게 산다'라는 나의 매수 원칙에도 부합하는 토지였다. 해당 토지는 1년 뒤 시세에 맞춰 평당 90만 원에 다시 매도했다. 앞서 언급한 필자의 부동산 매수 원칙 3가지를 적용했기에 매도 역시 수월하게 할 수 있었다.

시간이 걸리더라도 본격적인 투자에 앞서 여러분도 '누구나 원하는 물건, 매수 가격에 즉시 매도 가능한 물건을 시세 대비 30% 이상 싸게 매입한다'와 같은 자신만의 투자 원칙을 세우고 적용하기를 바란다.

그런데 이러한 원칙만큼 중요한 것이 하나 더 있다. '시세와 남들이 원하는 물건인지의 여부를 어떻게 검증하는가?' 하는 것이다. 누구나 쉽게 시세를 파악하는 방법 3가지는 뒷부분에 상세히 기술하겠다.

간단하게 필자의 팁을 말하자면, 주변 공인중개사들과 가까운 지인들에게 물건을 공유하고 그들의 의견을 들을 뿐이다. 이런 지인들 가운데는 일반인도 있고 세무사, 변호사, 법무사, 은행원 등 전문가들도 있다.

아무리 좋아 보이는 물건일지라도 혼자 판단해서 잘못된 결정을 내린다면 그 손실은 실로 엄청날 것이다. 반면, 투자 검토 중인 물건을 주변인들과 공유한다면 해당 물건을 다각도로 검토할 수 있고, 일반인들의 선호 여부와 시세에 대한 인식도 파악할 수 있어 여러모로 좋은 점이 많다.

정말 시세보다 저렴하고, 좋은 물건이라고 판단한 사람들은 그 즉시 매수나 공동 투자를 제안할 것이다. 눈앞에 사냥감을 만난 맹수처럼 투자에 민감한 사람들은 본능적으로 반응할 수밖에 없기 때문이다.

이러한 과정을 거쳐 필자는 전보다 뚜렷한 확신을 가지고 투자에 임하게 되었다. 앞의 조천읍 신촌리 토지 역시 마찬가지였는데, 지금 이 글을 읽는 필자의 몇몇 지인들은 '아! 그때 이 물건을 내게도 권해주었는데…' 하며 허탈한 웃음을 지을지도 모른다.

〈개발계획을 활용한 토지 투자 수익〉

단위 : 만 원

면적	시기		금액			수익	
	매수	매도	매수	비용	매도가격	세전	세후
163평	2021년	2022년	10,000	400	14,500	4,000	2,460

출처 : 저자 작성

세부적으로는 매수가격은 순수 투자 금액 3,800만 원과 은행권 대출 6,300만 원(대출이자 5%, 1년 이자 비용 315만 원)을 이용해 1억 100만 원이다.

〈앞의 토지 투자 수익에 따른 양도소득세〉

단위 : 만 원

구분	부부 공동명의		비고
	2인 합산	1인 기준	
자기자본	3,800	1,900	
은행대출	6,300	3,150	
매수금액	10,100	5,050	
필요경비	400	200	
매도금액	14,500	7,250	
양도차익	4,000	2,000	
과세표준	3,500	1,750	인별공제 250만 원
양도소득세율	40%	40%	
양도소득세		700	
지방소득세		70	
총납부금액		770	

출처 : 저자 작성

매도가격은 1억 4,500만 원으로 양도세와 이자 비용을 감안하면 3,800만 원 투자 후, 1년 만에 각각 약 2,100만 원의 수익을 거두고 55%의 수익률을 올렸다. 도로 개통까지 기다린 후 매각한다면 더 높은 수익을 기대할 수도 있겠지만, 다음 목표인 '제주 시내권 토지 매입'을 위해 기쁜 마음으로 매각할 수 있었다.

제주도에는 서울과 다른 지방처럼 철도나 지하철이 없기에 차량과 도로에 대한 의존도가 높을 수밖에 없다. 즉, 도로는 부동산 투자 관점에서도 매우 중요한 요소다. 이런 이유로 만일 누군가가 제주도 개발계획을 활용한 투자를 고려한다면, 제일 먼저 제주도 도시계획도로의 진행사항을 검토해서 투자할 것을 권하고 싶다.

이 책 전반에 걸쳐 소개될 제주특별자치도 도시기본계획, 제주국제자유도시 개발계획, 도시주거환경정비기본계획 등의 주요 사업과 호재를 학습해서 제주도 부동산 투자의 인사이트를 찾는 계기가 되길 바란다.

왜 제주도
부동산인가?

투자는 어느 지역에 해야 할까?

일반적으로 부동산 투자에 앞서 고려해야 할 요소는 투자 목적, 기간, 예산, 대상, 지역 등이 있다. 다른 요소들은 뒤에서 다른 사례들과 함께 설명하기로 하고 먼저 '투자 지역'을 보자. 안정성과 수익성의 관점에서 우리는 어느 곳에 투자해야 할까?

하버드대학 경제학 교수 에드워드 글레이저(Edward Glaeser)는 그의 책《도시의 승리》에서 도시의 성공 요소를 크게 5가지로 나눠 설명했다.

가장 중요한 요소는 '직장과 인재가 몰리는 지역'이며, 그다음 중요한 요소는 교육 환경, 치안과 안전, 즐거운 도시 순이라고 한다. 이런 요소를 국내에 적용해서 투자 지역을 꼽는다면, 당연히 수도권이며, 더 정확히 말하자면 서울이다. 마지막 요소로 '즐거운 도시'를 언급하며, 즐거운 도시의 요건은 음식, 패션, 엔터테인먼트, 짝을 찾을 확률 등이라고 한다.

현재 서울을 포함한 수도권 인구는 약 2,600만 명으로, 우리나라 인구 절반에 가까운 사람들이 전 국토의 12%가 넘지 않는 지역에 몰려 살고 있다.

〈경제활동인구조사〉

단위 : 1,000명

행정구역	취업자 수	비율	비고
서울특별시	5,144	18.2%	
부산광역시	1,698	6.0%	
대구광역시	1,241	4.4%	
인천광역시	1,622	5.7%	
광주광역시	766	2.7%	
대전광역시	795	2.8%	
울산광역시	570	2.0%	
세종특별자치시	207	0.7%	
경기도	7,570	26.8%	
강원도	833	3.0%	
충청북도	945	3.3%	
충청남도	1,223	4.3%	

출처 : 통계청

특정 지역에 사람이 몰리는 첫 번째 요소는 직장이다. 통계청의 '경제활동인구조사' 자료 중 시·도별 취업자 수를 살펴보면, 수도권(서울, 경기, 인천)이 차지하는 취업자의 비중이 약 51%가 넘는 것을 알 수 있다. 다시 말해, 돈을 벌 수 있는 일자리가 수도권에 집중되어 있음이 잘 드러난다.

두 번째 요소는 교육환경이다. 제주에서 나고 자란 필자도 '강남구 대치동, 양천구 목동 등의 학군이 좋다'라는 말을 귀가 닳도록 들어서 익히 알고 있을 정도다. 이와 관련한 흥미로운 통계가 있다.

부동산 정보업체 '아파트투미'에 따르면, 2022년 전국 의대 진학률이 가장 높은 고등학교를 살펴본 결과, 1위는 강남구 대치동 휘문고(151명), 3위는 서초구 반포동 세화고(96명)였다.

〈2022년도 국내 대학순위〉

순위	대학명	점수(300점 만점)	순위	대학명	점수(300점 만점)
		종합평가 순위			
1	서울대	226	21	경북대	139
2	연세대(서울)	223	21	인천대	139
3	성균관대	210	23	숙명여대	137
4	한양대(서울)	207	24	전북대	135
5	고려대(서울)	202	25	전남대	129
6	이화여대	170	26	충남대	127
7	건국대(서울)	169	27	가천대	121
8	경희대	168	28	광운대	120
9	동국대(서울)	165	28	숭실대	120
10	중앙대	164	28	홍익대	120
11	서울시립대	163	31	충북대	115
12	서강대	161	32	부경대	109
13	아주대	156	33	강원대	107
14	한국외국어대	153	33	제주대	107
14	한양대(ERICA)	153	35	단국대	104
16	서울과학기술대	147	36	선문대	103
17	인하대	145	36	순천향대	103
18	국민대	141	38	건양대	102
18	세종대	141	39	경기대	99
20	부산대	140	39	영남대	99

※동순위는 가나다순, 종합평가는 인문·사회·자연과학·공학 등
4개 계열 이상을 갖춘 종합 4년제 45개 대학 대상
(포스텍·KAIST 등은 계열평가 대상)

출처 : 〈중앙일보〉

더불어 '2022년도 국내 대학순위'를 살펴보면, 1~10위 대학이 모두 서울에 위치한 사실을 통해 해당 지역의 교육 여건이 '비교적 좋다'라는 의미로 해석할 수도 있다.

세 번째 요소는 치안과 안전이다. 언뜻 생각하면 국내 치안과 안전 수준은 지역별로 비슷하게 느껴질 수도 있다. 하지만 비교적 수도권에 잘 갖춰진 기반시설(차로, 인도, 자전거 도로, 가로등 등), 밤늦게까지 운행되는 지하철을 포함한 교통수단, 어느 거리나 쉽게 찾을 수 있는 CCTV 등은 분명 치안과 안전에 긍정적인 요인으로 볼 수 있다.

마지막 요소는 '즐거운 도시'다. 즐거운 도시의 요건은 음식, 패션, 엔터테인먼트, 짝을 찾을 확률 등이다. 서울이 이러한 요건들을 잘 충족하는 역동적인 도시임은 대다수가 공감할 것이다. 서울숲, 성수동, 삼청동 등에는 형형색색의 카페가 많고, 이태원, 신촌, 홍대 인근에는 하루가 다르게 다양한 공연과 이벤트가 열린다. 청담동과 압구정동은 '패션의 거리'라 불릴 만큼 유명 패션디자이너들이 활동하고 개성 넘치는 젊은이들이 넘쳐난다. 자연스럽게 이성을 만날 확률도 높을 수밖에 없다.

이러한 요소들을 살펴본 결과, 현재 서울은 국내 다른 지역뿐만 아니라 세계 어느 도시와 견주어도 에드워드 글레이저가 말하는 '승리하는 도시'임을 알 수 있다.

제주도 부동산의 가치

제주가 서울과 같은 도시의 요소를 두루 갖추기는 불가능하다. 그렇다면 제주 부동산의 가치와 투자의 실효성은 없는 것일까?

우선, 우리나라 대부분의 국민이 가지는 '제주도'에 대한 인식이 어떤지 살펴볼 필요가 있다. 비싼 물가, 바가지, 불친절한 서비스 등의 논란은 논외로 하고, 아마도 우리 대부분은 이렇게 생각하지 않을까?

'비행기를 타고 가는 멀고도 가까운 섬.'
'비행기를 타고 가는 멀고도 가까운 관광지.'
'비행기를 타고 가는 멀고도 가까운 휴양지.'

제주도는 국내에서 유일하게 비행기를 타고 갈 수 있는 섬이다. 물론 울릉도를 포함해 다른 섬에 공항이 생긴다면 이야기는 달라지겠지만, 섬의 규모, 접근성, 인프라를 생각하면 비교할 곳은 없다.

제주에 다다른 비행기의 창밖으로 구름과 햇빛, 오름과 바다, 들녘과 밭, 구불구불한 도로와 바다 위에 떠 있는 배들이 보이면 사람들은 어떤 느낌이 들까? '비행기에 몸을 싣는다'라는 그 자체만으로 우리에게 다양한 느낌과 의미를 준다. 매일 일상에서 이용하는 자동차, 버스, 지하철이 아닌 '하늘을 날아서 어디로 향한다'라는 자체만으로 누군가에게는 꿈같은 일, 낭만적이거나 가슴 설레는 경험으로 남는다.

국내에서 제주도는 중의적 거리의 섬이다. 서울을 기준으로 물리적 거리는 가장 멀리 떨어져 있어도 국내 다른 지방보다 비교적 빠르게 오갈 수 있는 섬이니 말이다.

하지만 제주는 비행기에 탑승한 사람들에게 묘한 느낌을 선물하기도 한다. 마치 해외로 여행을 떠나는 보너스 같은 느낌이랄까? 우스갯소리같이 들릴지 모르지만, 공항 카운터에서 여권과 제주행 항공권을 내미는 분들을 종종 목격할 때면 정말 제주도가 외국이 아닌가 착각할 정도다. '일상을 벗어나 여행을 떠난다'라는 느낌에 비행기와 섬이라는 요소가 더해져 우리를 더욱 설레게 하는 것은 아닐까?

막상 비행기에서 내려 주위 사람들의 대화가 너무 잘 들릴 때면 살짝 아쉬우면서 다행스럽기도 하다. 물론 우연히 제주 해녀나 동네 원주민을 만나 아리송한 사투리를 듣는다면 의도치 않게 이국적인 느낌이 들 수도 있다.

천혜의 자연환경을 간직한 섬

제주는 세계적으로도 보전해야 할 소중한 자연환경을 가진 곳이다. 그렇기에 빼어난 자연환경 하나하나가 제주의 관광상품이다. 한라산 보호구역과 더불어 성산일출봉, 거문오름과 만장굴은 유네스코가 지정한 세계 자연유산이다. 세계 자연유산은 전 세계적으로 총 203여 곳에 불과하고, '제주 화산섬과 용암동굴'은 국내에서는 '한국의 갯벌'과 함께 세계자연유산으로 등재되었으며, 이 면적 또한 제주도 전체 면적의 약 10% 이상을 차지할 정도로 크다.

이 외에도 유명한 폭포수와 동굴들, 360여 개의 기생화산인 오름, 영주십경에 꼽히는 풀밭을 뛰노는 말들, 고운 모래와 풍경이 있는 해수욕장, 한라산 둘레길, 제주 현무암과 밭담 등 이국적이고 독특한 자연환경이 제주도 전역에 걸쳐 있다.

설문조사에 따르면, 지친 몸과 마음을 달래기 위해 가고 싶은 국내 휴양지 1위는 바로 제주도라고 한다. 휴양의 목적은 '몸과 마음의 치유'이며, 이에 적합한 휴양지는 아마도 '평온한 경치를 보며 좋은 음식을 먹고 편하게 지낼 수 있는 곳'이 아닐까?

제주도 해안가와 일부 중산간에 위치한 호텔과 리조트 등의 숙박 시설들이 대표적으로 휴양에 적합한 곳이다. 대부분 이런 숙소에서 바다와 오름, 한라산 등 천혜의 자연을 조망하고 즐길 수 있으며, 결국 이런 제주의 빼어난 자연환경에 기인해 제주 곳곳에 휴양지들이 들어서는 것이다. 제주의 단독주택, 세컨하우스, 타운하우스 등의 주택 비율이 타 시·도에 비해 높은 것 또한 도심을 떠나 '힐링할 수 있는 공간'을 찾는 수요가 반영된 결과라고도 볼 수 있다.

최근 코로나 시기를 거치면서 사무실이 아닌 휴양지에서 업무와 동시에 휴식도 취할 수 있는 근무 형태를 뜻하는 '워케이션'이 크게 확산되고 늘고 있다. 많은 기업이 '워케이션'이 업무 효율성도 높고, 직원의 만족도 역시 높음을 파악하면서 빠르게 근무 형태의 변화를 시도하고 있으며, 이런 워케이션 장소로 역시 제주가 선호되고 있다.

결론적으로, 현재 제주 고유의 자연환경이 곧 제주도와 제주도 부동산의 가치의 본질임을 강조하고 싶다. 미래에 제주산업의 구조가 변하더라도 이 사실은 결코 변하지 않을 것이다.

앞서 언급한 '엔터테인먼트'라는 도시의 성공 요소를 다시 떠올려보자. 과연 제주는 어떤 요소를 가지고 있을까? 오락과 즐거움으로 해석되는 '엔터테인먼트'의 대표적인 요소는 TV, 영화, 연극, 콘서트 등으로 인식된다. 하지만 나는 그냥 바라보고 교감하고 사색하고 경외하는 대상으로서 제주가 더 본질적이고 원초적인 즐거움을 선물해준다고 생각한다. 이러한 느낌이 잘 와닿지 않는다면, 직접 성산일출봉이나 협재해변에 가보길 권한다.

제주의 자연은 부동산의 부증성과 개별성의 특징을 잘 보여주는 사례다. 다른 물건과는 다르게 '토지'라는 부동산은 증가할 수 없으며, 더욱이 자연유산으로서 오름, 바다, 한라산, 동굴 등 특별한 가치와 즐거움을 동시에 전해주는 섬은 동북아에서 제주가 유일하다.

제주는 시간이 흐를수록 그 희소성이 높아지고 대체 불가능해질 것이다. 즉, 제주의 자연을 보전하고 각종 개발을 제한하는 조례와 법규들은 결국, 미래 제주와 제주 부동산의 가치를 올려주는 것이다.

나에게 제주는 '대한민국의 하와이'와 같다. 당신에게 제주는 어떤 곳인가?

제주도 해안가 토지는 왜 비쌀까?

제주 해안가의 영구 바다조망의 토지는 평당 적게는 수백만 원에서부터 수

천만 원 이상 호가가 형성되어 있다. 어떤 곳은 도심의 상업지역의 토지와 가격이 비슷한 수준이다.

예로 다음 자료를 보면 2016년에 제주 함덕해변 인근 토지가 평당 1,500만 원에 거래되었음을 알 수 있다. 현재는 호가가 평당 3,000만 원이 넘는다.

〈함덕해수욕장 주변 거래 시세〉

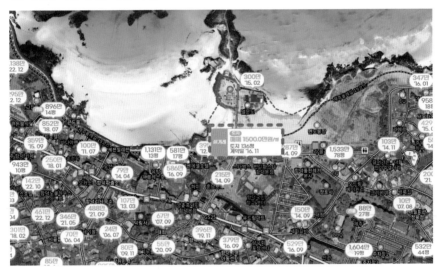

출처 : 디스코

제주도 해안의 전체 둘레(≒해안도로)는 약 200km가 넘는다고 한다. 실제 개발이 불가한 지역도 일부 있지만, 다음과 같이 가정해보자. 해안가 맨 앞쪽에 있는 일련의 토지들을 녹지지역으로 가정하고, 국민주택규모, 즉 24평형*의 주택 건축이 가능한 면적 400㎡, 정방형토지**로 모두 나눈다고 가정할 경우, 약

* 녹지지역의 건폐율 20%로 400㎡ × 20% = 80㎡(24평)
** 정방형 토지 : 토지 모양이 정사각형 모양인 토지

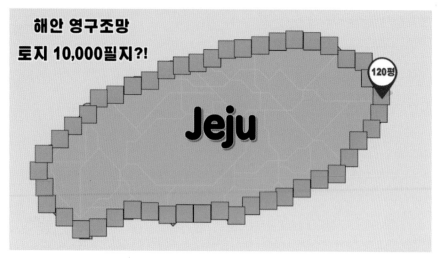

〈가정 : 제주 영구조망의 해안가 토지를 400㎡씩 분할 시〉

해안 영구조망
토지 10,000필지?!

120평

Jeju

출처 : 저자 작성

10,000개의 필지로 나눌 수 있다. 산술적으로 이렇게 많은 토지가 있는데도 불구하고 영구조망의 제주 해안가 토지를 구하려면 인근 토지에 비해 상당히 높은 비용을 지불해야 한다. 왜 그럴까?

첫째, 해안가 토지는 희소성이 높다.

앞서 언급한 대로 제주도 해변 토지는 그 해안선을 따라 제주 전 지역에 걸쳐 있지만, 이미 주거지역, 상업지역, 공업지역, 자연취락지구에 속해 있어 그 용도에 맞게 개발된 토지들을 제외한 대부분의 지역은 특화경관지구*로 지정되었다. 특화경관지구에서는 특정 개발행위가 불가능하고 2층 높이, 건축물의 전면 길이 20m 제한, 단독주택을 포함한 일부 용도의 건축 행위만 가능하다.

* 특화경관지구 : 지역 내 주요 수계의 수변 또는 문화적 보존가치가 큰 건축물 주변의 경관 등 특별한 경관을 보호 또는 유지하거나 형성하기 위해 필요한 지구를 말한다.

둘째, 개발 가능한 해안가 토지가 줄고 있다.

앞서 언급한 특화경관지구를 제외하고 비교적 개발행위가 자유로운 곳은 주거·상업·공업지역과 자연취락지구이며, 해당 지역들은 이미 상당 부분 개발이 완료된 지역으로, 도시지역의 확장이 별도로 없다면 개발 가능한 토지는 시간이 흐름에 따라 갈수록 적어질 수밖에 없다.

셋째, 가성비와 효용성이 높다.

해안 혹은 산과 오름, 숲에 대해 영구조망권을 가진 토지들은 그 토지에 비해 조망하는 공간적 범위는 매우 크기에 그 효용성이 높다고 볼 수 있다. 이는 아파트 건축 용도로 상업지역의 토지가 가장 효율성이 높은 것과 비슷한 맥락이다.

일반상업지역의 토지는 건폐율과 용적률이 각각 최대 80%, 1,300%로, 다른 용도지역 내 토지보다 현저히 높기 때문에 아파트 분양 시 수익률이 가장 높아 선호되고 있다. 같은 면적의 토지라도 가성비가 높은 이유다.

영구조망은 무슨 의미인가요?

가성비와 효용성을 이해하기 전에 '영구조망'이 갖는 의미를 살펴볼 필요가 있다. '영구조망'이란 '특정 방향을 바라보는 조망(view)이 다른 사물에 가리지 않고 영구적으로 보장된다' 정도로 해석할 수 있다.

우리 주변에서 흔히 조망권의 프리미엄이 크게 반영된 곳을 언급할 때면 한강 변의 아파트들과 부산 해운대의 마린시티나 인천 송도의 아파트 등을 꼽는다. 그럼에도 불구하고 '조망권이 가지는 가치는 과연 얼마인가?'라는 문제에 시원하게 답하기 어렵다. 그것은 개개인에게 조망권이 주는 가치와 의미가 다르기 때문이다.

〈작은 토지가 가지는 영구조망의 범위(예)〉

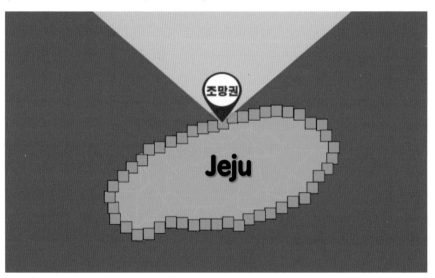

출처 : 저자 작성

앞의 자료처럼 제주 해안의 영구조망권을 가진 토지가 가지는 조망권의 범위는 소유한 토지의 크기와 비교 불가할 정도로 상당히 넓다. 이 요인이 바로 해당 토지의 가성비, 효용성을 높여주는 것이다. 그렇기에 입지 조건이 비슷한 토지라고 하더라도 바다 영구조망권을 가진 토지는 주변 시세 대비 2~5배 이상으로 거래되는 것이다.

비슷한 이유로 최근에는 오름 주변에 개발 가능한 토지를 찾는 사람들도 증가하고 있다. 도내 대부분의 오름은 자연환경보전지역, 보전산지, 공익용 산지로 개발이 불가능하며, 오름과 가장 가깝고 개발이 가능한 토지 또한 반영구적인 오름 조망권을 가질 수 있기 때문이다. 제주 해안가와 오름 주변에 빽빽하게 들어선 호텔과 리조트, 단독주택과 카페들을 보면 다시 한번 조망권이 가지는 의미와 가치를 가늠해볼 수 있다.

'영구조망'이라는 주제로 제주 부동산의 가치와 해안가 토지의 희소성, 효용성, 가성비를 살펴보았다. 다시 한번 제주 부동산의 최고의 가치는 자연환경이라는 것을 잊지 말자.

제주 부동산 흐름과 미래

세부적인 부동산 투자 학습에 앞서 현재 제주도 개발 현황과 부동산에 직접적인 영향을 주는 정책과 계획을 통해 제주도 부동산 전체의 흐름을 짚어보자.

"제주도 부동산은 어떻게 변해왔나?"

제주도 전체 면적은 1,850㎢로 서울의 약 3배가량 크지만, 개발 가능한 토지는 상대적으로 많지 않다. 예로부터 제주는 물이 귀해 해안선을 따라 형성된 용천대* 주변으로 취락과 도시가 형성되었기 때문이다.

2021년 말 기준, 제주도 도시지역에 편입된 토지는 제주도 전체 면적 대비 22.9%로 작지 않지만, 이 가운데 각각 주거지역 2.6%, 상업지역 0.3%, 공업지역은 0.3%에 불과하고, 녹지지역이 18.9%를 차지한다.

〈도내 해안가 곳곳에 위치한 용천대 전경〉

출처 : 저자 작성

---

* 용천대 : 제주도는 화산섬으로 현무암이 발달해 빗물은 지하로 스며들고, 이는 다시 지대가 낮은 해안 가에서 솟아나는데, 이 지하수가 솟아오르는 샘을 '용천대'라고 한다. 제주도에서는 대부분의 취락이 지하수가 솟아 나오는 해안의 용천대를 따라 입지한다(참고 : 네이버 지식백과).

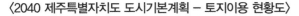

〈2040 제주특별자치도 도시기본계획 – 토지이용 현황도〉

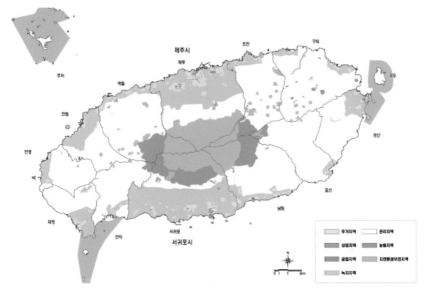

출처 : 2040 제주특별자치도 도시기본계획

　위 자료의 노랑, 분홍, 보라색은 각각 주거, 상업, 공업지역을 표시한 것으로, 제주도 전체 규모 대비 불과 3.2%이고, 이러한 개발의 형태가 비교적 오랫동안 이어져왔다.

　제주도 개발의 큰 변화는 2010년에 제주도 부동산 투자 이민제가 시행되면서 찾아온다. 제주 중간산지역에 휴양 시설과 분양형 호텔 등의 건축을 위한 지구단위계획구역*의 허가를 무분별하게 해주면서 중국발 자본이 대거 유입되었고, 자연스레 국내 투자자들도 제주로 쏠리게 되었다. 중국인 관광객, 이민자뿐

* 지구단위계획구역 : 도시·군계획 수립 대상지역의 일부에 토지이용을 합리화하고 그 기능을 증진시키며 미관을 개선하고 양호한 환경을 확보하며, 그 지역을 체계적·계획적으로 관리하기 위해 수립하는 도시·군관리계획으로 결정, 고시한 구역을 말한다(출처 : 부동산 용어사전).

만 아니라 국내 투자자들이 몰리면서 토지·상가·아파트 가격이 일제히 상승하고, 제주시 연동의 주요 상가 거리 이름이 중국명으로 바뀌어 '바오젠거리(현재 누웨마루거리)'라고 부를 만큼 중국발 바람이 거세게 몰아쳤다.

그사이 제주도정과 정부 정책에 의한 대규모 사업도 진행되었다. 2008년부터 제주 국제영어교육도시가 조성되었고, 2012년에는 공항 인프라 확장을 위한 논의를 시작으로, 2015년에 제주 제2공항 예정부지를 발표하면서 부동산 시장도 덩달아 술렁였다. 이 밖에 2010년 전후로 도입된 주 5일 근무제 시행, 제주 올레길 열풍, 저가 항공사의 출범 등 여러 요인으로 2005년에 500만 명에 불과하던 연간 제주도 관광객 수는 현재 1,600만 명을 넘어섰다.

관광객 증가에 따른 부작용도 뒤따랐는데, 2010년부터 약 8년간 부동산 전반에 걸쳐 가격이 폭등하고, 무분별한 개발로 오름과 해안 주변 경관 훼손, 지하수 오염, 쓰레기 수용 한계, 하수처리 용량 초과 등의 문제가 야기되었다. 아직 이러한 문제들은 풀어야 할 제주 사회의 이슈로 남아 있다. 그나마 바람직한 것은 제주도정이 고심 끝에 해결 방안을 하나둘씩 마련하고 있다는 사실이다.

최근 오라 관광단지사업, 송악산 개발사업 등 많은 사업들이 철퇴를 맞고, 공공하수관로 연결과 개인 하수처리 시설 설치에 관한 조례 일부를 개정해 개발 행위에 대한 제한을 강화하는 움직임도 보이고 있다.

개발 억제지는 피하고 희소한 토지를 찾자

도시기본계획을 통해 제주도는 2가지 큰 장기 발전 방향을 제시했다. 책 후반부에 자세히 서술할 예정으로, 개발이 완료된 기개발지, 개발억제지, 개발불

능지에 대한 기본 방향을 설정하고, 기존 제주 거점지역 외에 추가로 물리적인 거점을 조성해 지역 간의 균형 발전을 도모한다는 계획이 바로 그것이다.

제주도의 현재 지역 중심권은 크게 3곳으로, 제주시 연동과 노형동의 신도심, 이도2동과 일도2동 중심의 구도심, 서귀포 중앙동, 동홍동, 서홍동을 아우르는 서귀포 도심 등이다. 이에 제주국제영어 도시와 제주 제2공항 인근 지역에 각각 추가로 권역 거점을 만드는 반면 제주 신도심, 구도심, 서귀포 도심에 대해 재건축·재개발 등의 정비사업 시 고도 제한을 완화하고 압축을 통해 도심의 외연 확산을 방지하는 계획을 가지고 있다.

현재 제주도는 수도권 및 타 지역과 다르게 재건축사업 진행 시 용적률을 완화해줄 여유가 남아 있지 않다. 제2종 일반주거지역의 경우, 이미 상위법인 '국토의 계획 및 이용에 관한 법률'에서 정한 250%의 용적률의 기준을 그대로 적용하기 때문이다. 다만 기존에 지정된 고도지구나 지구단위계획구역을 해제하는 등의 여러 방안을 통해 재건축사업성을 높여 추진될 것으로 예상된다.

반면, 200세대 미만과 대지 10,000㎡ 미만의 사업부지를 대상으로 시행할 수 있는 소규모 재건축사업은 안전진단 절차가 생략되어 일반 재건축사업과 비교해 빠르게 사업을 진행할 수 있다는 장점도 있어 눈여겨볼 만하다.

<2030 주거환경정비기본계획 – 정비예정구역 지정 현황 33개소 중 일부>

연번	단지명	세대수 면적	사용승인일 (경과년수)	용도지역	건폐율 (%)	용적률 (%)	높이	고도 지구	지구단위계획 건폐율	지구단위계획 용적률	지구단위계획 높이
1	외도부영 1차 아파트	1,012 (29,943㎡)	2000.05.22 (20년 7개월)	제2종 일반주거지역	27.01	229.73	11층	35m 이하	–	–	–
2	용두암현대 1차 아파트1)	238 (15,403㎡)	1993.08.30 (27년 4개월)	제2종 일반주거지역	29.39	174.24	7층	20m 이하	–	–	–
3	건입동 현대아파트	448 (28,756㎡)	1993.09.01 (27년 3개월)	제2종 일반주거지역	29.99	162.85	7층	30m 이하	–	–	–
4	일도신천지 2차 아파트	228 (14,038㎡)	1994.08.05 (26년 4개월)	제2종일반주거지역 (지구단위계획구역)	21.19	121.29	6층	–	60% 이하	120% 이하	6층 이하
5	혜성대유 아파트	204 (11,850㎡)	1995.05.11 (25년 7개월)	제2종일반주거지역 (지구단위계획구역)	27.11	127.47	6층	–	60% 이하	120% 이하	6층 이하
6	일도삼주 아파트	180 (10,599㎡)	1993.06.26 (27년 6개월)	제2종일반주거지역 (지구단위계획구역)	27.07	129.45	6층	–	60% 이하	120% 이하	6층 이하

출처 : 2030 제주특별자치도 도시·주거환경정비기본계획

제주 최초로 도시·주거 환경 정비계획이 만들어지다

제주도는 2022년 11월에 제주시 인구 50만 명을 넘기면서 '2030 제주특별자치도 도시·주거환경 정비기본계획'이 최초로 수립했다. 해당 계획은 주거환경개선사업, 재건축사업, 재개발사업 등 주요 사업 3가지로 구분해 수립되었고, 그에 따른 재건축사업과 주거환경개선사업의 정비예정구역이 선정되었다.

이에 반해 재개발사업의 정비구역은 노후도가 높은 원도심 토지 등 소유자의 요청에 의해 사전 타당성 검토 과정을 시작으로 '주거 정비 지수' 산출을 위한 노후도, 주민 동의율, 도로폭, 접도율 등의 요소를 평가한 후에 비로소 지정된다. 재개발사업은 오랜 기간이 소요되고, 토지 등 소유자들의 복잡한 이해관계가 얽혀 있는 만큼 사업 추진이 간단하지 않지만, 제주도에 처음 재개발에 관

련된 계획이 수립되었다는 점에서 그 의의가 있다고 할 수 있다.

최근 제주시 삼도 2동 재개발 추진 준비위원회가 출범되어 제주시 남성마을 일대 약 4~5만㎡ 대상지에 800~1,000세대의 아파트를 건축하는 재개발사업을 추진하려는 움직임이 있다. 제주도 재개발사업의 특징과 방향에 대해서는 뒤에서 별도로 서술할 예정이다.

이러한 지역뿐만 아니라 노후화율이 높고, 도로 여건 등의 기반 시설이 열악한 지역을 학습하고 접근한다면, 비교적 소액의 투자로 큰 수익을 기대할 수 있는 제주도 내 새로운 투자처가 될 것이다.

제주도, 어떤 부동산이
돈이 되나?

토지 투자, 왜 토지인가?

시간이 지나 부동산 지식이 쌓인 후에 알게 되었지만, 나는 운 좋게 2008년에 처음 제주 토지를 매수할 수 있었다. 그 당시 부동산에 대한 지식이 일천했지만, 부동산 멘토로 여기던 공인중개사의 말을 듣고 단순히 실행에 옮겨, 5년 뒤 약 2배 넘는 가격에 매도할 수 있었다.

사실, 현재와 비교하면 그 당시에는 부동산 시세와 관련 정보를 파악하기가 쉽지 않았다. 비교적 거래가 활발한 아파트는 그 시세가 형성되어 있고, 상가는 임대료를 기준으로 상가의 가격을 추정할 수 있는 반면, 토지의 시세 파악은 쉽지 않았다.

토지는 다른 부동산에 비해 거래량도 적고 양도세를 줄이거나 회피할 목적으로 실제 거래 가액보다 낮춰서 신고하는 소위 '다운계약'을 해서 해당지역의 주민이나 공인중개사들만 대략적인 시세를 파악하고 있을 정도였다. 그렇다면 투자 대상으로 시세 파악도 쉽고 임대 수익을 올릴 수 있는 아파트, 오피스텔, 상가도 있었는데 왜 나는 토지를 매수했을까?

앞서 언급했지만, 제주도 부동산에 대해 학습하면서 몇 가지 깨달은 점이 있다.

소문난 잔칫집에 먹을 것이 없다

아파트 시세는 누구나 손쉽게 알 수 있다. 조금만 오르거나 내려도 스마트폰이나 PC를 통해 거래된 아파트 층수와 거래가를 파악할 수 있다. 그렇기에 내가 가진 아파트에 대한 정보는 남들도 모두 알고 있는 정보다.

그런 정보를 가지고 그 대상에 투자할 때는 이미 늦은 경우가 많다. 아이러니하게도 주변에 나보다 빠르게 움직이는 사람은 항상 존재하기 때문이다. 즉, 어떤 정보를 소수의 사람만 가지거나, 그 정보를 통해 빠른 판단을 하고 행동할 수 있는 사람에게만 비로소 '그 정보는 가치 있다'라고 할 수 있다.

얼마 전, 삼성전자의 주가가 8만 원을 막 넘을 무렵 주식 계좌도 없었던 지인이 삼성전자 주식을 샀다고 자랑했던 게 떠오른다. 지금 그분의 수익률이 -30% 정도라고 하니 그게 딱 '상투'였던 것이다. '아파트에 투자 기회가 없다'라고 말하는 것은 아니다. 분명한 것은 어떤 투자 대상이든 타인과 비슷한 정보와 지식을 가지고 같은 시기, 동일한 대상에 투자한다면 그 수익은 크지 않을 거라는 점이다.

토지 투자는 쉽지 않다는 인식

주변에 많은 사람이 '토지 투자는 쉽지 않다'라고 토로한다. 사람은 누구나 위험을 피하려고 하는데, 각각의 토지는 '개별성'이 있어 시세 정보나 해당 지식이 많지 않으면 상대적으로 토지 투자가 어렵게 느껴질 수밖에 없다.

다시 말해 아파트, 상가를 임대할 경우, 임대수익에 따라 그 부동산의 가치도 추정할 수 있지만, 통상 토지는 임대료 수준이 극히 낮음은 물론이고, 그 토지의 현재 또는 미래의 용도조차 가늠하기 쉽지 않아 어려운 것이다.

또한, 앞에서 언급한 토지의 개별성이라는 특성과 함께 시시각각 변히는 제주도의 개발계획과 건축 조례 개정 등의 요인도 토지의 가치를 평가하고, 시세 추정을 어렵게 하는 요인이다. 이러한 이유로 많은 분이 토지 투자를 꺼리기에 우리에게 기회가 될 수도 있다.

제주 부동산의 가치는 자연환경이다

안타깝게도 제주도 부동산 경기는 제주도민이 아닌 외부의 요인과 사람들에 의해 크게 영향을 받는다.

1970년대 중문 관광단지와 도내 해수욕장들이 개발되고 관광객들이 찾아오면서 부동산에 활기가 띠었고, 2010년대에도 중국 자본들이 유입되고 중국인들이 제주를 찾으면서 부동산 바람이 다시 불었다. 그들이 제주를 찾는 이유는 무엇일까? 단순히 처음부터 제주도의 아파트와 상가에서 투자 기회를 찾았을까?

더 근본적인 이유는 '제주의 바다, 한라산, 오름, 동굴, 초원 등의 자연환경에서 매료된 외부인들이 많아졌다'라는 것이고, 그것이 점차 호텔, 리조트, 아파트 등의 부동산 투자로도 연결된 것이라고 볼 수 있다.

결론적으로 제주에서 높은 가치를 가지는 부동산 대부분은 빼어난 자연환경과 그 주변으로부터 파생된 것이다.

개발 완료된 토지 VS 개발 가능한 토지

제주의 도심과 도시지역 내 토지는 이미 상당하게 개발이 진행되어 해당 부동산을 취득하기 위해서는 현재 가치만큼 비용을 지불해야 한다. 반면, 도시지역 내 녹지지역, 도시지역과 바로 인접한 관리지역의 개발 가능한 토지들은 개발이 완료된 토지보다 저렴하다.

따라서 누구라도 제주도 개발계획과 각종 부동산 관련 법률, 조례의 변화 등을 사전에 학습한다면, 부동산의 현재와 미래의 가치를 비교할 수 있고, 이를 통해 부동산 투자의 기회도 잡을 수 있다. 제주도 고유의 특성(화산섬, 동굴, 지하수, 오름, 생태계 등)으로 인해 제주도 토지에 대한 이해와 학습은 쉽지 않지만, 아이러니하게도 바로 그런 토지의 특성이 투자의 기회를 만들어주는 것이다.

과거 개발에 치우친 정책과 이를 용인하는 사회 분위기와는 달리, 현재는 제주 천혜의 자연환경을 지키기 위해 '난개발을 제한하자'라는 도민 의식과 여론이 한층 높아졌다. 이에 보조를 맞추듯 제주도정도 '2040 제주특별자치도 도시기본계획'에 '천혜의 자연 자원 보존과 압축 개발'을 위한 세부 방안을 수립했다.

이러한 부동산의 흐름은 더욱 가속화될 것이며, 향후 개발 가능한 토지는 축소되고, 상대적으로 개발 가능한 토지의 가치는 더욱 올라갈 것이다.

책 후반전을 통해 구체적으로 제주 부동산의 흐름과 특징, 주의할 점까지 살핀다면, 제주 부동산 투자에 대한 여러분의 기준과 방향을 설정할 수 있을 것이고 나아가 경제적 자유, 삶의 목표에도 한 걸음 더 다가갈 수 있을 것이다. 누군가 "새로운 길은 죽음보다 두렵다"라고 말했다. 대다수가 두려움 때문에 움츠려들 때가 바로 새로운 기회의 순간임을 잊지 말자.

제주도 아파트는 어떤가?

최근 도내에서 거래한 주택 매수자를 제주도민과 도외 거주자로 구분해 매매 비중을 분석한 흥미로운 기사를 접했다. 그 내용을 살펴보면, '전국적인 부동산 경기 침체와 기준금리의 여파로 2023년 주택거래량이 전년 대비 약 30%가 감소했으나, 여전히 제주도 주택 4채 중 1채는 외지인이 구입하고 있다'라고 한다.

도외 거주자의 제주도내 주택 구입 비율은 약 10년 전에는 15%였으나, 2012년에 최초로 20%를 넘어서고, 현재는 30%에 근접해 외지인들의 제주도 주택시장에 대한 영향력이 커졌다고 볼 수 있다.

2040년 제주특별자치도 도시기본계획에 따르면, 2020년도 기준 제주도 내 총 주택은 24만 6,000호, 이 중 단독주택은 9만 5,800호(38.9%), 아파트는 7만 8,100호(31.7%)다.

주택 유형을 세부적으로 구분한 다음의 표를 보면 2가지의 주요 흐름을 파악할 수 있다.

첫째, 행정시별로 제주시의 단독주택과 아파트의 비중은 35% 내외로 비슷한 반면, 서귀포시의 단독주택의 비중은 47.6%, 아파트는 25.4%에 불과하다는 점이다.

〈제주도 연도별 주택 유형〉

단위 : 호, %

구분	합계	단독주택		아파트		연립주택		다세대주택		비주거용	
		호수	비율	호수	비율	호수	비율	호수	비율	호수	비율
2015	195,224	83,608	42.8	62,532	32.0	18,825	9.6	25,506	13.1	4,753	2.4
2016	206,874	86,956	42.1	65,567	31.7	21,181	10.3	28,282	13.7	4,888	2.4
2017	221,140	90,125	40.8	70,112	31.7	24,447	11.0	31,327	14.2	5,129	2.3
2018	233,068	92,719	39.8	74,199	31.8	26,946	11.5	33,840	14.5	5,364	2.3
2019	241,788	94,686	39.2	76,495	31.6	29,521	12.2	35,372	14.6	5,714	2.4
2020	246,451	95,879	38.9	78,136	31.7	30,645	12.4	35,875	14.6	5,916	2.4
제주시	173,767	61,290	35.3	59,693	34.4	19,620	11.3	29,135	16.8	4,029	2.3
서귀포시	72,684	34,589	47.6	18,443	25.4	11,025	15.2	6,740	9.3	1,887	2.6

출처 : 2040 제주특별자치도 도시기본계획

전국 아파트 비중 62.3%, 제주도 31.7%

둘째, 서울·수도권을 포함한 전국 기준 중 아파트 비중은 62.3%인 반면, 제주도의 아파트 비중은 31.7%에 불과하다. 전국 대비 제주도는 아파트 비중이 낮고, 단독주택과 다세대 주택의 비중은 다소 높음을 알 수 있다.

〈제주도 인구 현황(2020년 통계청 기준)〉

구분	인구수(명)	비중
제주특별자치도	670,858	100.0%
제주시	492,306	73.4%
서귀포시	178,552	26.6%
제주시 동지역	382,296	77.7%
제주시 읍면지역	110,010	22.3%
서귀포시 동지역	99,256	55.6%
서귀포시 읍면지역	79,296	44.4%

출처 : 통계청

2020년 기준 제주도 전체 인구는 67만여 명이며, 이 중 제주시 인구는 약 49만 명이다. 제주시 인구를 동지역과 읍지역으로 구분해볼 때, 제주시 도심지역(동지역)의 인구가 약 38만 명(77.7%)을 넘어섰고, 향후 해당 비중은 더 커질 것으로 예상된다.

이 자료를 토대로 제주 아파트 투자의 관점에서 몇 가지 흐름을 예상해보면 다음과 같다.

첫째, 동지역의 인구 비중은 높아질 것이다.

제주도 1차 산업지역은 제주도 대부분의 취락이 형성된 해안과 중산간에 고루 분포되었으나, 도로 여건이 좋아져 제주 동지역에 거주하면서 읍·면지역으로 출퇴근하는 인구가 증가했다.

그뿐만 아니라 읍·면지역의 인구와 그 자녀 세대는 학교와 학원 등의 교육 여건이 우수하고, 직장이 있는 제주시 동지역으로의 유입이 가속화되고 있다.

둘째, 도외 거주자들의 영향도 커질 것이다.

다음 자료를 살펴보면 2012년부터 도외 거주자의 아파트 매수 비율이 20%를 넘어서면서 2017년까지 아파트 가격이 상승했다.

〈아파트 매매량과 가격지수〉

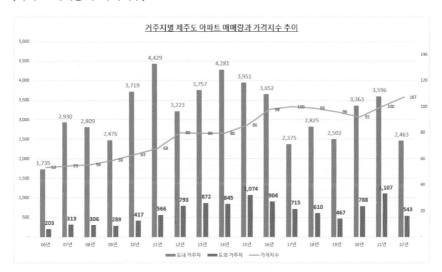

출처 : 한국부동산원

이후, 다시 도외 거주자의 아파트 매수 비중이 10%대로 떨어지면서 2019년까지 매매가격은 보합세를 유지했으나, 2020년부터 2022년 상반기까지 다시 매수세를 키우며 제주의 아파트 가격은 크게 상승하게 되었다.

〈도외 거주자 아파트 매입 비중〉

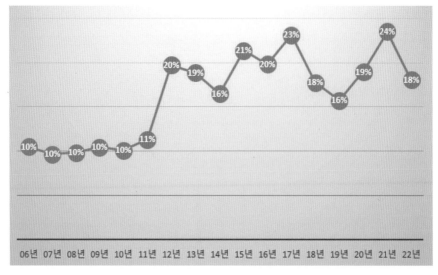

출처 : 한국부동산원

셋째, 제주도 동지역의 신규 아파트와 브랜드 아파트의 수급 부족 현상이다.

최근 재건축사업이 진행 중인 제주시 이도주공아파트 2, 3단지는 관리처분인가 과정을 앞두고 있고, 국민주택규모의 일반 분양 아파트 가격은 9억 원을 훌쩍 넘을 것으로 예상된다.

이 밖에도 제주도 내 재건축 정비예정구역으로 지정된 33개의 아파트단지는 최근까지 가파르게 가격이 상승했고, 침체기에도 다른 아파트단지와 비교하면 그 하락 폭 또한 제한적이었다.

제주도에서 비교적 입지가 우수한 동지역의 대단지 아파트와 재건축 아파트는 향후 제주 아파트 시장을 견인할 것이다. 서두에서 부동산 투자의 핵심은 토지라고 언급했는데, 아파트 역시 입지가 좋고 희소성이 높은 토지를 찾는 방향으로 접근한다면 아파트도 좋은 투자처가 될 것이다.

제주도 부동산 투자 시 도민의 이점을 활용하자

현재 제주에 거주하거나 제주로의 이주를 꿈꾸며 부동산 투자를 계획하는 분이라면, 제주도 토지의 특징과 흐름을 사전에 학습하기를 권한다. 입지가 좋고 건축과 재건축이 활발한 대지, 잡종지 등을 매수할 경우 안정적인 지가 상승을 기대할 수 있지만, 투자 시에 막대한 예산이 소요되어 일반인들은 투자가 부담스럽다.

반면, 개발도 가능하고 비교적 저렴한 토지는 대부분 농지와 임야에 해당하며, 그 농지(지목이 전, 답, 과수원)와 임야의 비중은 2020년 기준 전체 토지 대비 각각 19.5%, 46.7%에 달한다.

과거 대부분의 제주 도민들은 해안의 용천대를 따라 거주했으나, 인근 농지가 부족해 근처 산지(임야)를 개간해 농지로 활용했고, 이런 이유로 지목상 임야이나, 농지와 같이 활용되는 임야(토임)도 상존한다.

이러한 토임의 장점은 지목상 임야지만 농지처럼 농지대장 및 농업경영체에 등록 가능해 농업인으로 인정받을 수 있고, 해당 토지의 경작으로 농업직불금을 수령할 수 있다.

구분	대	전	답	임야	도시용지 (도로제외)	도로	하천	공원	묘지	기타
2011	3.1	19.9	0.4	47.7	0.5	4.4	1.3	0.1	0.9	21.7
2012	3.2	19.8	0.4	47.6	0.5	4.4	1.3	0.1	0.9	21.8
2013	3.2	19.8	0.4	47.5	0.5	4.5	1.3	0.1	0.9	21.8
2014	3.4	19.7	0.4	47.4	0.6	4.6	1.3	0.2	0.9	21.5
2015	3.5	19.7	0.4	47.3	0.6	4.7	1.3	0.2	0.9	21.6
2016	3.7	19.5	0.3	47.2	0.6	4.7	1.3	0.2	0.9	21.6
2017	3.9	19.4	0.4	47.0	0.6	4.7	1.3	0.2	0.9	21.6
2018	4.0	19.3	0.3	46.9	0.6	4.8	1.3	0.2	1.0	21.6
2019	4.1	19.3	0.4	46.8	0.6	4.8	1.3	0.2	0.9	21.6
2020	4.5	19.2	0.3	46.7	0.6	4.8	1.3	0.2	0.9	21.6

출처 : 2040 제주특별자치도 도시기본계획

또한 토임은 지목상 '임야'로 농지(지목이 전, 답, 과수원)와는 달리 도외 거주자들도 자유롭게 취득 가능하고, 개발 시 농지에 부과되는 전용부담금과 비교해 산지전용부담금이 1/3 수준으로 저렴하다.

가끔 구청이나 시청에서 토지 사용 현황에 맞게 지목을 일치시키는 사업을 진행해 토임(임야)을 '전'으로 지목변경 신청하도록 독려한다. 하지만 토임의 장점을 배운 이상 절대 그런 실수는 하지 말자.

현재 도외 거주자의 제주도 농지 취득 자격이 까다로워졌다. 과거 1,000㎡ 미만의 농지(개인이 소유한 모든 농지 합산 기준)의 경우, 주말 영농 목적으로 취득이 가능했으나, 현재는 영농 거리 조건, 영농의 근거로 농자재(농약, 비료 등) 구입 내역, 농산물 출하 내역, 항공권 구입 내역 등 자료 제출과 실제 농지위원회의 심의도 거쳐야 한다.

한편 각 시청 농정과에서는 도외 거주자에 대한 농지 취득 자격 요건을 강화하고, 기존에 도외 거주자들이 소유한 도내 농지에 대해서도 매년 '농지이용실태조사'를 실시해 자경이 이뤄지지 않는 토지는 '처분명령' 및 미이행 시 '이행강제금 부과' 등의 행정조치를 취하고 있다. 이러한 요인으로 도외 거주자들이 취득하기 어려워진 제주도 농지(전, 답, 과수원)는 시세가 다소 하락했다.

반면, 도내 거주자는 영농계획서와 관련 자료를 첨부하고, 직접 농업에 종사하는 것을 전제로 농지 취득이 가능하다. 도내 거주자들은 이런 기회를 잘 활용해 투자의 기회로 연결할 수 있어야 한다.

이처럼 현재 도외 거주자의 도내 농지 취득은 쉽지 않다. 하지만 방법이 전혀 없는 것은 아니다. 다음과 같은 몇 가지 방법으로 취득이 가능하니, 농지 매도, 매수 시 알아두면 도움이 될 팁 몇 가지를 소개하겠다.

첫째, 농지는 건축 허가 등의 개발행위 허가를 받을 경우, 도외 거주자 역시 취득이 가능하다. 주로 매도자 본인의 명의로 단독주택, 창고 등의 건축 허가를 받고, 토지 이전 등기 시 '관계자 변경'이라는 절차를 통해 토지와 함께 건축허가사항도 양도해주는 방법이다.

둘째, 비교적 큰 토지는 분할 및 건축 허가를 통해 매도할 수도 있다. 도외 거주자들의 제주도 토지 구입은 주로 주택 또는 카페나 식당 등의 근린생활 시설 건축 목적으로, 주로 400~2,000㎡ 정도의 토지를 선호한다.

면적이 넓고 매매 가격이 높은 토지보다 분할된 소형 토지 또는 매도가격이 1~2억 원 대의 토지가 비교적 매매되기 쉽다. 일부 분할된 토지에 대해 개발행위 허가를 받거나 건축을 한다면, 잔여 토지 역시 건축이 가능할 것으로 기대되어 매도를 더욱 수월하게 할 수 있다.

셋째, 직접 사업을 하거나 수익형 자산을 만들어 매각할 수도 있다. 제주도 농지를 활용해 투자의 위험은 줄이면서 안정적인 수익을 얻는 방법으로, 해당 농지 내 단독주택을 건축해 '농어촌 민박허가'를 받고 숙소를 운영하는 것을 추천한다.

제주도 전역에 걸쳐 관광지가 골고루 분포되어 도내 어느 지역에서도 숙소의 수요는 있고, 상업지역, 공업지역, 농어촌 비지정지역을 제외하면 특정 요건을 갖춘 단독주택은 '농어촌민박허가'를 받을 수 있기 때문이다.

이와 더불어 '농어촌민박'은 일반 숙박업에 비해 신고 및 운영 절차가 간소하고 별도의 세제 혜택 등 장점도 많다.

※ 농어촌 민박의 장점 및 요건

• 농어촌정비법 적용(신고사항) vs. 공중위생관리법
• 간이과세자 소득 4,800만 원 이하 부가세 없음.
• 농업인 부업 소득 1,200만 원 限 비과세
• 부동산 임대차계약서 & 소유자 동의서(임차 시)
• 주택 연면적 230㎡ 미만
• 불법건축물 x, 엘리베이터, 에스컬레이터, 수영장 66㎡ 이상 x
• 자가 6개월 거주 요건, 임차 3년 이상 계속 거주

넷째, 도외 거주자가 주소지를 도내로 전입신고하고 자경하는 방법이다. 생각보다 농업인이 누릴 수 있는 혜택은 많다. 농지를 1,000㎡ 이상 소유하거나

농지은행을 통해 임차해 자경할 경우, 농지대장과 농업경영체를 등록하고 농업인의 지위를 누릴 수 있다. 최근 급격하게 농업 인구가 축소되고 있어 이를 막기 위한 농업인에 대한 혜택도 많아지고 있다.

※ 농업인 혜택

• 농지 취득 시 취·등록세 50% 감면(농업경영체 필요, 농업 외 소득 3,700만 원 이하)
• 8년 이상 재촌 자경 시 양도소득세 감면(1억 원 한도)
• 국민연금 및 건강보험료 50% 감면
• 농가주택 및 창고 신축 시 농지부담금 면제
• 농업 직불금 수령, 면세유 등 각종 보조금 지원
• 5년 영농 시 보유농지 담보로 농지연금 신청 가능

도외 거주자의 농지 취득은 시간이 지날수록 쉽지 않을 것이다. 반대로 도내 거주자들이 현재 상황을 보다 적극적으로 이용한다면, 앞에서 언급한 방법 외에도 체험관광농원, 주말농장 분양, 6차산업 접목 등 다양한 방법으로 농지를 활용할 수 있고 안정적인 수익도 기대할 수 있을 것이다.

기획부동산, 배울 것은 배우자

부동산 고객 가운데 "기획부동산 회사에 당해 토지를 비싸게 샀다"라거나 "기획부동산 회사에 토지를 넘겼는데, 그놈들은 엄청 비싸게 되팔더라"와 비슷한 이야기를 하는 분을 종종 만난다.

기획부동산은 '주로 개발이 불가능하거나 어려운 개발제한구역이나 임야를 단기간에 시세의 몇 배 이상으로 부풀려 지분 쪼개기나 분할 매각하는 것'이 그 대표적인 유형이다. 기획부동산은 구체적으로 무엇이 위법한 것일까? 사례를 통해 그 위법성을 살펴보자.

다음 자료에서 바둑판처럼 잘려져 있는 모든 필지는 도로에 접하도록 분할되어 매매되었지만, 사실 337-34, 337-35번지 등의 토지는 도로가 없는 맹지다. 그 이유는 337-45번지는 지목이 도로가 아닌 목장 용지이기 때문이다.

〈기획부동산의 토지 분할 사례〉

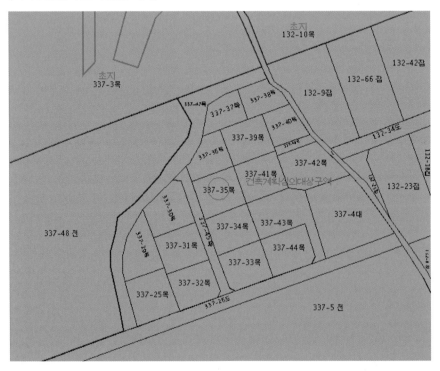

출처 : 저자 작성

다행히도 진·출입 목적으로 분할된 337-45번지의 토지는 해당 안쪽 필지 소유자들이 공유한 것으로 보여, 공유자의 토지 사용승낙이 있는 경우, 개발을 할 수 있다.

과거 많은 기획부동산 회사가 앞의 사례처럼 맹지의 토지를 도로에 접한 토지처럼 보이도록 분할 후, 시세보다 훨씬 비싸게 매도하는 경우가 많았다. 즉, 기획부동산 회사의 폐해는 현재 토지의 물리적 혹은 공법적 제한 사항을 숨기거나 왜곡되게 전달함으로써, 해당 토지의 가치를 현재보다 아주 높게 인식시키고 그만큼 높은 가격에 매수하게 만드는 데 있다.

여기서 우리는 몇 가지 유의미한 점을 학습할 수 있다.

첫째, 시장이 원하는 면적과 금액은 따로 있다. 용도지역에 따라 다소 차이는 있을 수 있지만, 시장에서는 그 면적이 200~400㎡인 토지와 1~2억 원의 가격대 토지를 가장 선호한다.

해당 토지 면적은 약 100㎡의 단독주택(보통 방 3, 욕실 2)에 마당과 주차장을 적절히 조성할 수 있는 규모이며, 1~2억 원대의 토지는 건축비까지 감안하더라도 다른 형태의 주택(아파트, 빌라 등) 가격과 비교해도 크게 부담스럽지 않은 수준이다. 기획부동산 업자들은 바로 부동산 시장의 수요를 정확히 파악해 가장 선호하는 면적과 금액대를 기준으로 토지를 쪼개고 판매하는 것이다.

둘째, 우리도 시장이 원하는 토지를 찾거나 제공할 수 있어야 한다. 기획부동산 업자들처럼 불법행위를 하는 것이 아니라, 1~2억 원대의 토지를 더 저렴하게 찾거나, 비교적 큰 토지를 구입해 분할도 할 수 있어야 한다.

재화나 상품의 대량 구매가 저렴하듯, 비교적 큰 토지를 저렴한 가격에 매입해, 여러 필지로 나눠 비싼 가격에 다시 매도할 수 있어야 한다. 물론 '묻지 마식'이 아닌, 토지에 대한 정확한 정보 전달도 필요하다. 토지의 최소 분할 조건을 충족한다는 가정하에 1년에 3필지까지 분할이 가능하며, 건축 허가 시 그 면적과 분할되는 필지의 수는 제한이 없다.

그래서 단순히 필지 분할 목적으로 1년에 3필지 이상으로 분할을 원할 경우, 건축 허가를 받으면 된다. 이때 상대적으로 설계 및 인허가 절차가 복잡한 주택보다 창고로 건축허가를 받는다면, 그 비용과 시간이 절약된다.

〈디스코 앱의 거래 사례〉

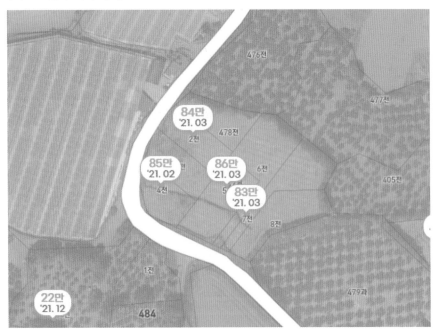

출처 : 디스코

셋째, 매도자는 토지의 시세를 만들 수도 있음을 유념해야 한다.

기획부동산 업자들은 사람의 심리를 잘 이용한다. 요즘은 '국토교통부 실거래가 공개시스템'이나 '디스코 앱' 등을 통해 부동산 매매 시기와 금액을 포함한 거래 내역 전반을 확인할 수 있다.

기획부동산 업자들은 이 점을 역이용한다. 자신들이 매도하고자 하는 토지를 지인이나 제삼자에게 업계약 등의 조건으로, 실제 거래가보다 상당한 금액으로 신고해, 높은 금액에 매도된 것처럼 시세를 조장하는 것이다.

앞의 5개 토지 거래 사례를 살펴보면, 용도지역과 지목이 같고 거래 시기도 모두 2021년으로 비슷하다. 하지만 4개 토지의 가격이 제곱평방미터(㎡) 기준으로 83~86만 원에 거래된 반면, 나머지 한 토지는 제곱평방미터(㎡) 기준으로 22만 원에 거래되었다.

어떻게 인접한 토지인데도 불구하고 약 4배의 가격 차이가 생길 수 있을까? '삼인성호(三人成虎)'라는 고사성어가 있다. '사람 셋이면 없는 호랑이도 만들어낼 수 있다'라는 말로, '거짓말도 여러 사람이 하면 곧이들린다'라는 의미다. 즉, 인접한 2~3필지가 시세에 비해 높은 금액으로 매도된다면 충분히 시세를 혼동할 수 있다. 이 점은 매도와 매수 시에 공통으로 유념해야 할 사항이다.

만약 당신이 단독주택 또는 상가주택용 부지를 매입해 직접 건축 후 거주 및 운영 목적이라면, 해당 부지면적의 2~3배 정도 토지를 매수하고 그중 일부 필지를 분할해서 건축한 후, 잔여 필지는 매각하는 방법도 생각해보길 추천한다.

매수 희망자가 나타나 당신의 건축물을 본다면, 잔여 토지는 더 이상 농지가 아닌 주택 및 상가용 나대지로 보일 것이고, 또한 전기, 상수도, 하수도 등 기반 시설이 모두 있음을 알 수 있어 주위 토지보다 비교적 높은 가격에 매각할 수도 있을 것이다.

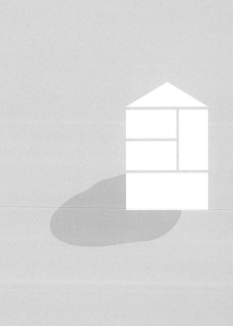

후반전

제주도 부동산의
투자 실전

부동산 투자의
기초체력 올리기

토지 분할 / 토지 합병 조건

부동산 투자에 앞서 최소한으로 알아야 할 사항들을 살펴보자. 토지 분할, 개발행위(건축), 도로, 건폐율과 용적률, 하수처리 시설, 조례, 토지가격비준표 등이 그것이다. 토지 투자를 통해 수익을 올리는 방법 중 가장 많이 활용하는 방법이 토지 분할이다.

앞에서 토지 분할의 장점은 넓은 면적과 그에 따른 가격 때문에 매도가 어려웠던 토지를 매도할 수도 있고, 분할된 토지 일부에 주택이나 상가 등을 건축할 경우, 잔여 토지들도 비교적 높은 가격에 매도가 가능하다고 언급했다.

또한 한 필지의 토지를 2명 이상이 공유한 경우, 공유자 전원의 동의가 없다면 개발행위 혹은 은행권의 담보대출도 받기 어렵다. 그나마 본인의 지분은 매도가 가능하지만, 공유자 전원의 동의 없이는 토지 활용이 쉽지 않기에 일반적으로 토지 지분 매수를 꺼린다. 공유자 사정에 의해 지분을 매도해야 한다면 다

〈토지 분할 후 매도 예정 토지〉

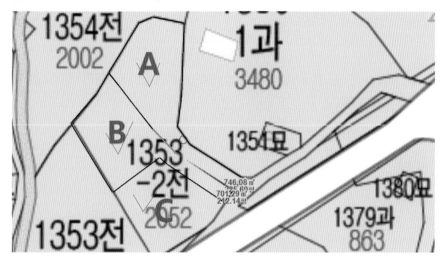

출처 : 지도제작업체 AOD

른 공유자에게 매각하는 것이 수월하다. 하지만 자금 사정이나 다른 사정으로 그렇지 못할 경우에는 본인 지분만큼 분할 후 매도하는 것이 수익과 활용도 측면에서 유리하다.

토지 분할은 각 도시·군계획조례가 정하는 면적 이상으로 분할해야 하며, 용도지역, 지구에 따른 기준은 다음 표와 같다.

〈토지 분할의 최소면적(제주특별자치도 도시계획 조례 적용)〉

용도지역 및 지구	최소 분할 면적
주거지역	60㎡
상업지역, 공업지역	150㎡
녹지지역, 관리지역, 농림지역, 자연환경보전지역	400㎡
취락지구	200㎡

출처 : 제주특별자치도 도시계획

이러한 분할 조건뿐만 아니라 '제주특별자치도 도시계획 조례'에 따른 기준인 아래 사항도 충족되어야 한다.

① 최소면적 기준을 충족하는 분할은 1년, 1회에 한 해 3필지 이하로 분할 가능하고 농지(전, 답, 과수원)의 경우는 1년 이상 보유 후 신청 가능
② 분할 후 각각 분할된 면적이 2,000㎡ 이상으로 분할 시에는 기간 및 필지 제한 없이 분할 가능
③ 분할된 필지의 재분할은 소유권 이전일로부터 1년 뒤에 가능
④ 건축허가에 의한 분할은 필지 및 면적의 제한 없이 분할 가능
⑤ 도로 예정선을 구획한 후 이에 접하도록 여러 개의 필지로 분할하는 경우, 도로에 접하도록 진입로 형태로 길게 여러 개의 필지로 분할은 불가

※ 보다 세부적인 사항은 '제주특별자치도 도시계획조례'를 통해 확인하고 해당 시·군·구청 담당자 문의 후 토지 분할을 진행하길 권한다.

다음 지도를 보면 한경면 ○○리 478번지는 계획관리지역 내 지목이 전인 토지다. 앞의 토지 분할 조건에 따르면 1년에 3필지 이상 분할이 불가능한데 동시에 어떻게 8필지, 최소 분할 면적 기준에 미달된 면적으로 나눌 수 있었을까?

〈한경면 ○○리 478번지 토지가 총 8필지로 동시에 나뉜 사례〉

출처 : 네이버 지도

위 토지들은 개별 필지에 각각 건축 허가를 받으면서 분할되었다. 건축 허가를 받을 경우, 필지 수와 면적의 제한 없이 분할이 가능하기 때문이다.

이러한 점은 토지 분할뿐만 아니라 도내 거주자가 아닌 도외 거주자도 건축 목적으로 농지 취득을 가능하게 해주는 방법으로, 건축 허가를 득한 농지는 건축허가를 받고 2년 내 착공하면 된다. 참고로 특정 위치의 건축 허가 여부 확인은 건축행정 시스템인 세움터의 '건축정보지도 조회' 서비스를 이용하면 누구나 확인할 수 있다.

세움터를 통해 ○○리의 분할된 개별 토지에는 모두 창고 건축 허가를 받았음을 확인할 수 있었다. 아마도 건축의 목적보다는 동시에 다수의 필지로 분할하기 위해 건축 허가를 활용한 것으로 보인다.

〈건축행정 시스템 세움터〉

출처 : 세움터

토지 합병의 의미, 조건, 절차는 어떻게 될까? 토지의 합병은 '지적공부에 등록된 2필지 이상을 1필지로 합해 등록하는 것'을 말한다.

토지 합병 조건은,

① 같은 행정지역, 지목, 소유자가 같을 것

② 지반이 연속되어 있을 것

③ 실제 지목과 현황 지목이 일치할 것

④ 합병하는 토지의 소유자별 공유 지분이 같을 것

⑤ 소유자의 주소가 같을 것

⑥ 소유권 외의 권리 사항이 같을 것(지상권, 전세권, 임차권 등)

⑦ 지적도 및 임야도 축적이 같을 것

⑧ 합병 토지 모두 등기되었거나, 모두 등기되지 않아야 할 것

토지 합병 신청은 시·군·구청 민원실을 통해 신청하면, 담당자가 현장 조사를 거쳐 지적과에서 해당 공부(지적도, 임야도, 토지대장, 임야대장 등)를 정리하고 관할 등기소로 등기 촉탁하는 과정을 거친다.

그런데 합병은 어떤 경우에 필요할까? 일반적으로 토지 합병의 장점은 측량 비용, 서류 발급 비용 절감 등으로 큰 경제적 효과는 없다.

필자는 토지 교환과 동시에 합병하는 경우를 제외하고 토지 합병을 권장하지는 않는다.

〈소유주가 다른 A, B토지와 도로 예시〉

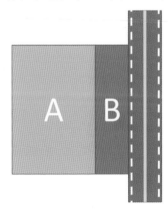

출처 : 저자 작성

위 예시에서 A토지는 도로에 접한 부분이 없는 맹지였으나, 다음의 예시처럼 A토지의 일부를 B토지의 일부와 교환 및 동시에 합병할 수 있다.

〈분할, 합병, 교환이 이뤄진 토지 예시〉

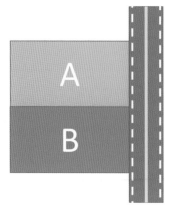

출처 : 저자 작성

맹지와 도로에 접한 토지의 교환 비율은 교환 토지의 면적과 도로에 접한 길이 등의 조건에 따라 비율은 모두 다르지만, 통상 3~5 : 1 범위에서 거래된다.

이런 경우, A토지는 면적은 감소했지만, 맹지를 탈출할 수 있고, B토지는 도로에 접한 면의 길이는 줄었지만 면적이 증가해 A, B토지 모두 자산 가치가 상승했다고 볼 수 있다. 이런 것이 윈윈(win-win) 아닐까?

필자의 토지 사례를 통해 한 번 더 그 의미를 확인해보자. 필자는 A토지를 취득한 후, B토지주(맹지)와 B토지에 대해 매수 협의를 했다.

〈토지 분할 및 교환 예정〉

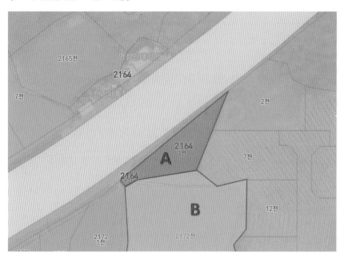

출처 : 네이버지도, 저자 편집

맹지인 B토지 매수가 불가하자 나는 A토지의 일부와 B토지의 일부를 교환하는 계약을 체결했다.

〈토지 분할, 교환 후 합병을 마친 모습〉

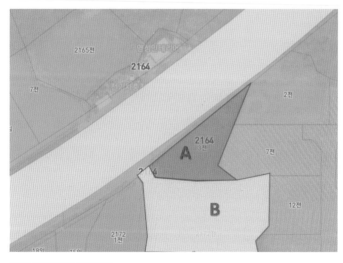

출처 : 네이버지도, 저자 편집

결과적으로 토지 면적을 증가시킬 수 있었으며, B토지의 소유주는 본인 토지에 도로가 접해져 자산 가치를 높일 수 있었다.

필자는 최초 위 토지 133평을 매입 후, 교환 및 합병해 토지를 180평으로 넓히고 5년 뒤 매각했다. 이로써 매입 비용 대비 약 9배에 달하는 수익을 올렸다. 물론 운도 따랐지만 모든 일에는 기본이 중요하다. 토지 분할, 합병, 교환 등 부동산에 관한 기본적인 개념을 학습한다면, 토지 투자의 수익과 흥미라는 두 마리 토끼를 잡을 수 있을 것이다.

용도지역과 투자 기회

여러분이 '건축비 조달이 가능하다'라는 가정하에 현재 거주하는 지역에 아파트 한 동을 지어 분양한다고 가정해보자. 토지 크기, 면적, 도로, 기반 시설 등의 요인은 논외로 하고, 여러분이 거주하는 모든 지역과 토지에 아파트 건축은 가능할까?

부동산 지식이 많지 않은 분들은 '산이나 한적한 마을에 아파트를 본 적이 없어. 그런 곳은 안 되는 것 아닌가?'라고 생각할 수도 있을 것이다. 또 어떤 분은 '건축은 가능하지만, 수요가 없어 아파트 건축을 하지 않는 것 아닐까?'라고 생각할 수도 있다.

짐작한 대로 지역마다 아파트 건축이 불가한 곳들이 있다. 건축법상 아파트는 '공동주택으로 주택으로 쓰이는 층수가 5개 층 이상인 주택'으로 앞서 언급한 면적, 도로 기반 시설 등의 조건들을 충족한다고 가정하더라도 건축이 불가한 지역이 있다는 것이다.

그 이유는 '국토의 계획 및 이용에 관한 법률(이하 '국계법')'로 국내의 모든 토지를 그 이용 목적에 따라 '용도지역'으로 세분화하고, 그 용도지역에 따라 개발가능 행위를 각각 다르게 규정하기 때문이다.

국계법 제2조에 따르면, '용도지역은 토지의 이용 및 건축물의 용도, 건폐율, 용적률, 높이 등을 제한함으로써 토지를 경제적·효율적으로 이용하고 공공복리의 증진을 도모하기 위해 서로 중복되지 않게 도시관리계획으로 결정한 지역을 말한다'라고 명시하고 있다.

즉, 용도지역의 지정을 통해 건축할 수 있는 건축물의 종류, 건축 높이, 건축면적에 영향을 주는 건폐율, 용적률 등을 정해놓은 것이다. 용도지역이 자연녹지지역인 경우, '건축할 수 있는 건축물은 4층 이하의 건축물에 한한다'라고 국계법 및 조례로 정해놓았기 때문에 아파트 건축이 불가능하다.

건축에서 용도지역은 매우 중요한 사항으로 용도지역에 대해 알아보자. 용도지역은 도시지역, 관리지역, 농림지역, 자연환경보전지역으로 구분된다.

도시지역은 다시 주거지역, 상업지역, 공업지역, 녹지지역으로 세분화된다.

〈용도지역의 구분〉

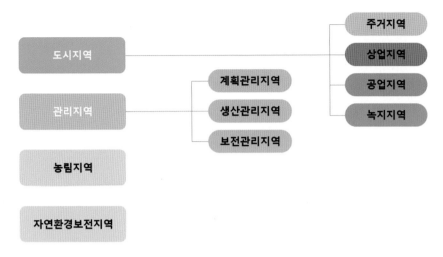

출처 : 국토의 계획 및 이용에 관한 법률 제36조

〈도시지역 내 세분화된 용도지역〉

주거지역	전용주거지역	고급주택 단지, 택지개발 시 주로 공급함
	일반주거지역	다세대주택, 상가주택지로 적합
	준주거지역	원룸, 투룸 용지로 적합
상업지역	중심상업지역	강남대로, 신사동 가로수길 등 비싼 토지
	일반상업지역	대중교통, 입지가 좋은 지역, 아파트 건축
	유통상업지역	대형마트 등 대형상가 시설 용도
	근린상업지역	주로 택지개발지구 내 상가용 토지
공업지역	전용공업지역	여수, 울산공업단지 등 산업 중심 토지
	일반공업지역	다양한 공장이 밀집한 지역 토지
	준공업지역	공업지역 인근으로 다세대, 숙소용으로 주로 사용
녹지지역	보전녹지지역	도시지역에 있지만 임야가 많아 개발이 다소 어려움
	생산녹지지역	종전 농림지역으로 향후 주거지역으로 상향 가능성 있음
	자연녹지지역	식당, 다세대주택 등 용도 적합하고 향후 주거지역 상향 가능성 높음

출처 : 국토의 계획 및 이용에 관한 법률 제36조

도시지역 외 지역은 관리지역, 농림지역, 지연환경보전지역으로 구분된다. 도시지역과 유사하게 관리지역은 계획관리지역, 생산관리지역, 보전관리지역 등으로 세분화되나 그 외 농림지역, 자연환경보전지역은 세분화되지 않는다.

〈도시지역 외 지역의 용도지역〉

관리지역	계획관리지역	도시지역과 가까워 공장, 창고, 일반음식점, 숙박 시설 용도로 쓰임
	생산관리지역	단독주택이나 농가주택 용도, 1종 근린생활 시설(카페)도 가능
	보전관리지역	단독주택 가능하나 소나무 등 임목, 경사도의 규제가 있음
농림지역		농사 용도의 토지로 직접 농사가 아닌 투자처로는 비추천, 도로 개통, 신규IC로 인해 개발 호재가 있는 곳은 투자 가능함
자연환경 보전지역		제주도의 한라산국립공원은 모두 자연환경보전지역임. 개발행위가 절대 불가해 투자는 엄금

출처 : 국토의 계획 및 이용에 관한 법률 제36조

'용도지역'에 관한 투자의 핵심은 용도지역 상향이 예상되는 지역이다. 사실 용도지역의 상향(변경)은 절대 쉽지 않다. 용도지역이 상향되면 토지주에게 막대한 불로소득을 안겨주고 그로 인해 지역 내, 지역 간 형평성 논란에서 자유로울 수 없기 때문이다.

그럼에도 불구하고 제주도는 도시지역 확장, 대규모 국책사업과 제주 국제자유도시개발 센터(JDC) 등의 공기업 주도사업, 개발에 따른 특정 지역의 문제(쓰레기 매립장, 하수종말 처리장 등) 해결 등과 맞물려 당근책으로 종종 용도지역을 상향해주었다.

다음 한국부동산원에서 매년 제공하는 '2023 제주특별자치도 토지가격비준표'에 따르면, 단순히 용도지역이 자연녹지에서 1종 일반주거지역으로 변경되는 것만으로 2.42배의 가치가 상승하는 것을 알 수 있다.

〈2023년 제주특별자치도 토지가격비준표〉

용도지역 (0)	1전	2전	1주	2주	3주	준주	중상	일상	근상	유상	전공	일공	준공	보전
유상	0.61	0.61	0.63	0.66	0.72	0.78	1.10	1.03	1.02	1.00	0.54	0.55	0.65	0.16
전공	1.12	1.13	1.17	1.22	1.34	1.45	2.04	1.91	1.89	1.85	1.00	1.02	1.20	0.29
일공	1.10	1.11	1.14	1.20	1.31	1.42	2.00	1.87	1.85	1.81	0.98	1.00	1.18	0.29
준공	0.93	0.94	0.97	1.02	1.11	1.21	1.70	1.59	1.57	1.54	0.83	0.85	1.00	0.24
보전	3.85	3.88	4.00	4.19	4.58	4.96	7.00	6.54	6.46	6.35	3.42	3.50	4.12	1.00
생산	2.50	2.53	2.60	2.73	2.98	3.23	4.55	4.25	4.20	4.13	2.23	2.28	2.68	0.65
자연	2.33	2.35	2.42	2.53	2.77	3.00	4.23	3.95	3.91	3.84	2.07	2.12	2.49	0.60
개계	2.86	2.89	2.97	3.11	3.40	3.69	5.20	4.86	4.80	4.71	2.54	2.60	3.06	0.74
미정	2.78	2.81	2.89	3.03	3.31	3.58	5.06	4.72	4.67	4.58	2.47	2.53	2.97	0.72
관리	2.86	2.89	2.97	3.11	3.40	3.69	5.20	4.86	4.80	4.71	2.54	2.60	3.06	0.74
보관	4.17	4.21	4.33	4.54	4.96	5.38	7.58	7.08	7.00	6.88	3.71	3.79	4.46	1.08
생관	3.03	3.06	3.15	3.30	3.61	3.91	5.52	5.15	5.09	5.00	2.70	2.76	3.24	0.79
계관	2.13	2.15	2.21	2.32	2.53	2.74	3.87	3.62	3.57	3.51	1.89	1.94	2.28	0.55
농림	6.25	6.31	6.50	6.81	7.44	8.06	11.38	10.63	10.50	10.31	5.56	5.69	6.69	1.63
자보	6.67	6.73	6.93	7.27	7.93	8.60	12.13	11.33	11.20	11.00	5.93	6.07	7.13	1.73

출처 : 한국부동산원

　용도지역의 상향은 앞서 언급한 대로 결코 쉽지 않지만, 도시지역 내 개발이 완료된 토지보다 미개발 토지가 비교적 상향되기 쉽고, 도시지역 외 지역에서 도시지역으로 편입되는 사례가 절대적으로 많다. 그 이유는 주거·상업·공업지역은 이미 주택과 상가, 공장 등이 밀집되어 용도지역을 변경해 해당 목적을 달성하려면 시간과 비용이 많이 소요되기 때문이다.

　즉, 기존 건물을 철거하려면 철거비, 이주자 지원금 등 보상금액도 클 것이고, 새로운 용도지역 구상에 맞는 개발까지는 상당한 시간이 소요된다. 하지만 더 중요한 문제는 이해관계자들이 많아 사업 추진이 절대 쉽지 않다는 점이다. 현재 제주시 화북동에 위치한 화북공업단지가 바로 이런 문제로 이전계획이 수립되었음에도 불구하고 수년째 진행이 멈춰 있다.

그럼에도 불구하고, 우리가 주목해야 하는 용도지역은 어느 곳일까? 우리는 도시지역 내에서는 자연녹지지역을, 도시지역 외 지역에서는 계획관리지역을 각각 주목할 필요가 있다.

자연녹지지역은 주거, 상업, 공업지역 인근에 위치하고, 건축에 필요한 기반시설(전기, 상수도, 하수도)도 근거리에 있어 용도지역의 상향을 충분히 예상해볼 수 있다.

비도시지역에서 용도지역의 상향 가능성이 높은 지역은 계획관리지역*이다. 국계법에서도 계획관리지역의 의미와 지정목적으로 '향후 도시지역으로 편입을 예상해 지정한다'라고 밝혀두고 있다. 과밀화된 도시지역의 확장이 필요할 때, 제일 먼저 검토되는 지역이 바로 계획관리지역이다.

현재 제주도정은 자연환경 보존과 성장이라는 2마리 토끼를 잡기 위해 제주 도심의 외연 확산을 최소화하고, 구도심과 기(旣)개발지를 고도화하고 재생하는 사업에 초점을 맞추고 있다. 결론적으로, 부동산 투자뿐만 아니라 토지이용 목적에 부합한 개발 행위와 제한사항, 건축 가능한 건축물 등 확인을 위해 용도지역 학습은 필수적이다.

더불어 제주도 도시계획조례를 통해 개발 행위에 대한 사항은 수시로 변경되기에, 조례 부분은 뒤에서 상세히 알아보겠다.

---

* 계획관리지역은 도시지역으로의 편입이 예상되는 지역이나 자연환경을 고려해 제한적인 이용·개발을 하려는 지역으로서 계획적·체계적인 관리가 필요한 지역을 말한다. '국토의 계획 및 이용에 관한 법률 제 36조'

개발행위에 따른 도로 조건

중개계약을 진행하면서 필자는 큰 실수를 한 적이 있다. 서귀포시 지역의 지목이 '대'인 토지 중개를 위해 건축 인허가 여부에 대해 건축사 소장님께 자문을 구한 적이 있다.

그 결과, 막다른 도로의 도로 폭이 0.9m 이상 3m 미만의 경우, 연면적 49.5㎡ 규모의 주택 건축이 가능하다는 회신을 받았고, 매수자분께 이런 건축제한 사항을 설명해드리고, 해당 토지의 계약을 진행했다.

얼마 후, 매수자로부터 몹시 초조하고 격앙된 목소리의 전화 한 통을 받았다. 그분이 직접 서귀포 시청 건축과에 문의한 결과, 담당자로부터 '해당 토지는 도로 요건이 충족되지 않아 건축이 불가하다'라는 답변을 들었다고 한다.

그 이유는 '서귀포시 업무 방침'에 따르면, 서귀포시는 제주시와는 달리 '미달 도로폭이 최소 2.5m 이상이 되어야 건축이 가능하다'라는 것이었다.

〈건축 허가가 불가한 현재 서귀포시 토지와 도로 상황〉

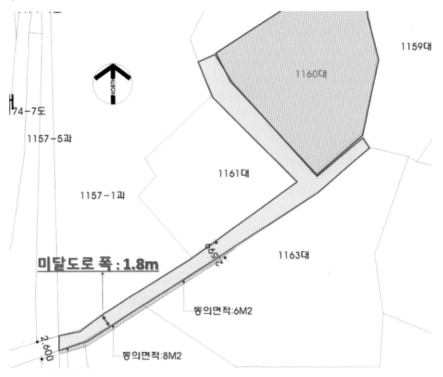

1159대

1160대

74-7도

1157-5과

1161대

1157-1과

미달도로 폭 : 1.8m

1163대

동의면적:6M2

동의면적:8M2

출처 : 광림건축사사무소

〈서귀포시 도로 관련 인허가 업무 처리 방침 – 2016년 9월 기준〉

❑ 막다른 도로
【그림 2】

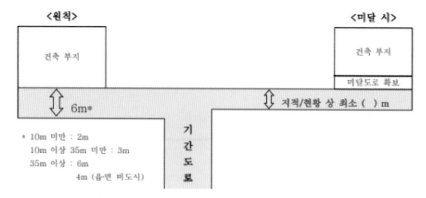

○ 적용 방침 (35m 이상 막다른 도로인 경우)

구분		건축허가 및 신고	단독주택 중 단독주택 연면적의 합계가 100㎡ 농수산물창고 연면적의 합계가 200㎡ 이하 동물및식물관련시설 연면적의 합계가 400㎡
도로폭	1안(원칙)	6m	6m
	2안(완화)	3m	2.5m

출처 : 서귀포시청

참고로 상기 조건은 '건축법 시행령' 제28조 제2항 및 아래 '제주특별자치도 도시계획조례' 별표 1 개발행위허가기준 적용을 받지 않는 건축물에 한한다.

※ '건축법 시행령' 제28조(대지와 도로의 관계) ② 법 제44조 제2항에 따라 연면적의 합계
가 2,000㎡(공장의 경우에는 3,000㎡) 이상인 건축물(축사, 작물 재배사, 그 밖에 이와 비슷한
건축물로서 건축조례로 정하는 규모의 건축물은 제외한다)의 대지는 너비 6m 이상의 도로
에 4m 이상 접해야 한다.

〈제주특별자치도 도시계획조례 별표 1 개발행위 허가 기준 일부 발췌〉

건축물의 용도 등	도로 기준
'건축법시행령' 별표 1 제1호에 따른 단독주택으로서 10가구 이상 30가구 미만인 것(읍면지역에 한정한다)	너비 6m 이상
'건축법시행령' 별표 1 제2호에 따른 공동주택으로서 10세대 이상 30세대 미만인 것(읍면지역에 한정한다)	
'건축법시행령' 별표 1 제15호에 따른 숙박시설(특별법에 따른 휴양펜션업)	
'여객자동차운수사업법'에 따른 자동차대여사업 차고, 여객자동차운송사업(택시운송사업은 제외한다) 및 '건설기계관리법'에 따른 주기장	
'화물자동차 운수사업법'에 따른 차고	
'건축법시행령' 별표 1 제1호에 따른 단독주택으로서 10가구 이상 50가구 미만인 것. 다만, 읍면지역은 30가구 이상 50가구 미만인 것	너비 8m 이상
'건축법시행령' 별표 1 제2호에 따른 공동주택으로서 10세대 이상 50세대 미만인 것. 다만, 읍면지역은 30세대 이상 50세대 미만인 것	
'건축법시행령' 별표 1 제4호에 따른 일반음식점으로서 바닥면적의 합계가 500㎡ 이상인 것	
'건축법시행령' 별표 1 제5호에 따른 문화 및 집회시설로서 바닥면적의 합계가 2,000㎡ 이상인 것(관람장은 제외한다)	
'건축법 시행령' 별표 1 제14호에 따른 일반업무시설	
'건축법시행령' 별표 1 제15호에 따른 숙박시설(특별법에 따른 휴양펜션업은 제외)	
'건축법 시행령' 별표 1 제28호에 따른 장례식장으로서 분향소가 3개 이상인 것	
'건축법시행령' 별표 1 제1호에 따른 단독주택으로서 50가구 이상인 것	너비 10m 이상
'건축법시행령' 별표 1 제2호에 따른 공동주택으로서 50세대 이상인 것	
'건축법시행령' 별표 1 제7호에 따른 판매시설로서 바닥면적의 합계가 3,000㎡ 이상인 것	
'건축법시행령' 별표 1 제12호에 따른 유스호스텔	
'건축법 시행령' 별표 1 제18호에 따른 창고시설로서 바닥면적의 합계가 1,000㎡ 이상인 것	
'건축법시행령' 별표 1 제5호에 따른 문화 및 집회시설 중 관람장	너비 12m 이상
'건축법시행령' 별표 1 제8호에 따른 운수시설	
'건축법시행령' 별표 1 제9호에 따른 의료시설 중 종합병원	

출처 : 제주특별자치도 도시계획조례

과거 제주시와 서귀포시 간의 도로 관련 건축 인허가 업무지침이 서로 다름을 미처 파악하지 못해 생긴 문제였다. 다행히도 매수인과 매도인 모두 이런 상황을 이해해주셨고, 계약금을 반환하며 마무리되었지만, 잔금 지급과 이전 등기까지 완료되었다면, 자칫 문제는 심각해질 수도 있었다.

참고로, 2016년 9월부터 적용하던 '서귀포시의 도로 관련 인허가 업무 처리 방침'은 2022년 5월 '제주도 건축행정 건실화 및 발전을 위한 정례회(이하 '정례회')'에서 삭제되어, 현재는 제주시와 동일한 기준을 적용하고 있다.

하지만 2023년 8월 정례회에서 '건축법상 도로 적용과 건축허가를 위한 막다른 도로의 최소 폭 등에 대해는 추후 논의가 필요하다'라고 예고하고 있어 해당 기준이 변경될 수도 있다. 따라서 도로와 관련해서 보다 정확한 개발행위 인허가 여부는 해당 지역 허가권자에게 문의하기를 바란다.

이와 더불어 제주시와 서귀포시에 공통으로 적용되는 도로 조건을 살펴보자.

〈제주시와 서귀포시에 공통으로 적용되는 도로 기준〉

세대 수	동 지역	읍면 지역
9세대 이하	3m 이상	
10~29세대	8m 이상	8m 이상
30~49세대	8m 이상	
50세대 이상	10m 이상	

출처 : 제주특별자치도 도시계획 조례

토지에 접한 도로의 폭, 도로 접면의 길이를 단독주택이나 공동주택 세대수에 맞춰 정리해둔다면, 건축 가능 규모와 용도를 가늠하고 궁극적으로 토지의 가치를 평가해볼 수 있다.

우선, 지적상의 도로와 현황도로의 폭 조건을 모두 충족해야 함을 염두에 두어야 한다. 간혹, 실제 현황도로가 차량이 드나들 정도로 넓어 고민 없이 토지를 매수했으나, 지적상 도로가 미달되어 건축이 불가능한 경우도 있기 때문이다.

이 조건은 건축을 위한 한 가지 조건에 불과하고, 이와 더불어 앞서 살펴본 용도지역, 뒤이어 확인할 건폐율과 용적률, 기반 시설 유무에 따라 건축 가능 용도와 그 규모의 제한을 받는다.

〈기존 도로 폭 확보할 경우〉

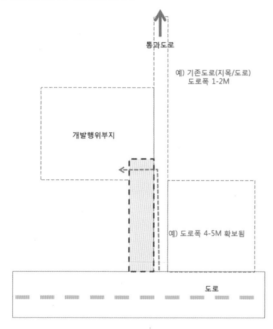

출처 : 제주도 기반 시설(도로) 기부채납 업무처리지침

또한 경우에 따라 미달된 도로의 폭을 확보하는 방법으로 기부채납을 통해 개발행위 허가를 받을 수도 있다.

위 자료와 같이 도시지역(녹지지역 제외) 및 취락지구에 한해서 주요 도로와 연결되는 기존 도로를 건축부지까지 확장하는 방법이 있다. 이때 기존 도로는 '통과도로'여야 하며, 지목은 '도로'여야 한다는 점을 유념해야 한다.

이 밖에 도시계획도로 예정지역을 기부채납하거나 지적상의 도로는 존재하나, 사실상 폐도된 경우에도 기부채납을 통해 도로 확보가 가능하다면 개발행위 허가를 받을 수 있다.

많은 고객이 궁금해하는 개발행위 요건과 절차를 확인하면서 한 가지 깨달은 점이 있다. 인허가 담당 공무원은 민원인의 문의사항에 대해 '원칙과 기준만을 안내해주는 성향이 강하다'라는 것이다. 반면, 건축사사무소 소장이나 시공사 관계자들은 현재 상황에서는 어렵거나 불가능한 일이라도 '상황이 변하거나 어떤 조건을 갖추면 가능하다'라는 가능성에 대한 의견을 주기도 한다.

개발행위의 원칙을 아는 것만큼이나 가능성을 찾는 것도 중요하다. 왜냐하면 부동산의 새로운 가능성을 찾는 것은 부동산 투자의 지름길을 찾는 매력적인 일이기 때문이다.

결론적으로 다양한 부동산 투자 기회와 개발 가능성을 살피기 위해서는 인허가 부서뿐만 아니라 관련 전문가들의 의견과 자문을 활용할 수 있어야 한다. 말 그대로 그들은 해당 분야의 전문가들이기 때문이다.

공공 하수관로와 개인 하수처리 시설

약 20년 전부터 주 5일 근무제 시행, 저가항공 출시, 올레길 개방 등 여러 요인으로 인해 제주 관광객이 빠르게 증가했다. 이에 따라 밀물처럼 몰려오는 관광객을 수용하기 위해 호텔, 리조트, 펜션, 민박 등 다양한 숙소 또한 우후죽순

생겨나기 시작했다.

이효리를 시작으로 유명 연예인들의 제주살이 소식이 전해지면서 일반인들의 제주 이주 열풍도 거세게 불었고, 그 비슷한 시기에 제주도는 외국인 투자 이민제를 통해 외국인에게 제주도 영주권을 주었는데, 그 투자 대상으로 제주 중산간지역에 대형 분양형 콘도, 리조트, 호텔들이 들어서기 시작했다.

단기간 내 관광객과 도 내 순 유입 인구가 크게 늘면서 숙박업을 넘어 요식업, 관광산업, 농·수·축산업, 주택 건설업, 부동산 등 제주 사회 전반에 걸쳐 활기를 불어넣었다.

하지만 예기치 않은 문제도 대두되었다. 증가하는 인구 대비 주택 수급, 대중교통 여건이 악화되고 승용차와 렌터카가 늘어나는 만큼 교통량도 심화되었고, 더불어 쓰레기 배출량이 증가하면서 쓰레기 매립장의 한계도 문제가 되었다.

무엇보다 가장 심각한 문제는 폭발적으로 증가하는 하수도 발생량이다. 대규모 관광지와 대형 호텔이 들어서고, 아파트단지가 늘어남에 따라 하수 발생량도 급격하게 증가해 제주시 하수처리장 곳곳의 처리 용량도 이미 한계에 도달했다.

2024년 기준 도내 공공하수관로 연결 및 개인 하수처리에 관한 사항은 '하수도법', '제주특별자치도 하수도 사용 조례'에 따르고 있으며, 주요 내용은 다음과 같다.

〈2024년 기준 공공하수관로 및 개인 하수처리 시설 설치 기준〉

- **공공 하수관로 연결**
  - 제주도내 하수처리구역으로 지정된 곳
- **개인 하수처리 시설 설치**
  - 제주도내 하수처리구역 외 지역
    - ※ 종전 자연녹지지역내 공동주택 공공하수도 연결 조건 삭제
    - ※ 동지역 내 공동주택은 30세대 이상으로 제한

과거 제주도는 행정구역상 동지역과 읍·면지역으로 나눠서 하수처리 기준을 각각 정했다. 제주시 동지역의 경우, 하수처리구역으로 지정된 곳은 공공하수관로를 연결해야 하나, 실질적으로 하수처리구역이 아닌 곳도 개발 행위자의 부담으로 공공하수관로에 설치·연결할 수 있도록 허가해주었으나, 동지역 내 개인 하수처리 시설 설치는 불가능했다.

반면 읍·면지역 내 하수처리구역에서는 주거지역, 상업지역, 공업지역 및 취락지구에서는 공공하수관로를 연결해 하수를 배출해야 하며, 그 외 읍·면지역 내 표고 300m 미만 지역, 표고 300m 이상의 경우 취락지구와 취락지구 경계에서 300m 이내에서 연면적 합계 300㎡ 미만인 단독주택, 제1종 근린생활 시설(휴게음식점 제외)은 건축할 수 있다.

2023년 기준 도내 하수처리장 8곳 중 제주, 동부, 서부, 남원 등 4곳이 적정 가동률을 초과했고, 현재 일일 하수처리량 25만t에서 38만t으로 증설사업을 진행 중이지만, 문제는 증설량의 대부분(9만t)을 차지하는 '도두 공공 하수처리 시설 현대화사업' 준공 시기는 2028년 전후로 예정되어 있어, 현행 하수처리 기준

으로 그 준공 시기까지 증가하는 하수량을 적절하게 유지·관리할 수 없는 상황이다.

하수도 처리 문제에 당면한 제주도는 '난개발 방지'를 내세워 공공하수관로 유입 하수량을 조절하고 개인 하수처리 시설을 일부 허용하는 조례 개정을 2022년 9월에 입법 예고를 했다. 그 주요 내용은 상위법인 '하수도법'에 제주도 조례를 맞춰 개인 하수처리 시설을 허용하고, 표고 300m 이상 지역의 난개발 방지를 위한 건축물의 용도, 종류, 규모를 제한하는 것이었다.

〈2023년 11월 20일에 공포된 제주도 도시계획조례 주요 개정 내용〉

- ☑ **하수처리구역 외 지역에 개인하수처리시설 허용**
- ☑ 개발행위허가기준 **강화 구역 추가**
  (임목본수도 30%미만, 경사도 10도 미만 허용)

  > (현행) 해안선에서 50m이내의 지역, 제주특별법 관리보전지역(1,2등급),
  > 중산간지역(표고 200m~600m사이) 고시된 지역
  > (종전 개정안) 곶자왈 보호지역, 절대·상대보전지역
  >
  > **(개정안) 현행 + 종전 개정안 + 지하수자원 특별관리구역**

- ☑ **자연취락지구**에서 건축물의 용도·규모 등에 따른 도로 **너비기준 제외**
- ☑ 제1종 일반주거지역에서 **층수 완화**
  (4층→5층, 10년이상 임대목적인 경우 6층→7층)
- ☑ 동지역 자연녹지지역에서 하수처리구역 외 지역은
  공동주택 30세대 이상만 허용
  (하수처리구역내는 세대수 제한 없음)
- ☑ 토지이용계획확인서 하수처리구역 및 급수구역을 포함될 수 있도록
  토지이용관련 정보 추가
- ☑ 그 밖에 법령 개정 등에 따른 조례 반영

출처 : 제주특별자치도 도시계획 조례

해당 조례개정안은 사유재산권 침해 및 형평성 문제로 끝내 제주도의회 문턱을 넘지 못했다. 하지만 제주도의회는 결국 다소 완화된 도시계획조례 개정안을 2023년 11월에 공포했다.

최근 개정안의 조례 개정의 의미를 살펴보면, 첫째, 현재 '해발 300m 이상 녹지 및 관리지역의 건축용도 및 규모 제한' 규정이 폐지된다. 특히 제주시 동지역 내 하수처리구역 밖에서도 공공 하수관로를 연결해야 건축 허가가 가능했으나, 개인 하수처리 시설의 설치를 허용했다.

둘째, 지하수자원 특별관리구역(해안변 제외)에서는 개발행위허가 기준이 강화되었다. 입목본수도 30% 미만, 자연경사도는 10% 미만 지역에 한해 개발행위가 가능해졌다.

셋째, 현재 읍·면사무소 건설과나 시청 상·하수도과 담당 공무원에게 일일이 문의해야 알 수 있었던 하수처리구역 및 급수구역의 확인이 토지이음 사이트 '토지이용계획확인서'를 통해 간편하게 확인할 수 있게 된다.

이번 조례개정안도 제주도의회 심의 과정에 많은 논란과 갈등이 있었지만 결국, 가결되었다. 제주 고유의 정체성을 유지하기 위해 자연자원의 보존은 필수이며, '난개발 방지'라는 기조는 앞으로도 계속 강화될 것이다.

공공하수관로 관련 도시계획조례 개정안이 시행됨에 따라 현재 제주도 토지들은 다시 서열정리가 될 것이다. 중요한 것은 토지 개발행위 허가 기준이 바뀔 수 있기에 사용 목적에 맞게 허가가 가능한 토지인지를 사전에 반드시 확인해

〈'제주도 공간포털'에서 확인한 지하수자원 특별관리지역(연두색 부분)〉

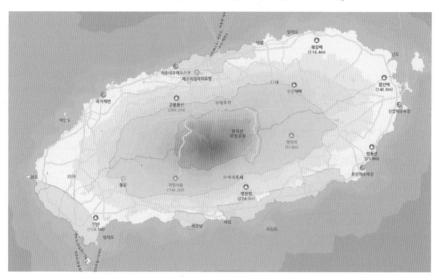

출처 : 제주도 공간포털

야 한다는 점이다.

　기존 카페나 일반음식점 용도의 건축허가를 받을 수 있는 토지도 조례 개정 이후 불가능할 수 있기에 제주 토지의 매매 혹은 개발계획을 가지고 있다면 공공 하수관로 연결, 개인 하수처리 시설 설치 가능 여부도 꼼꼼하게 살펴보자.

건폐율과 용적률

　우리 주변에 '부동산 좀 안다'라는 분들도 종종 하는 실수가 있는데, 토지 개발 행위의 규모를 용도지역만으로 판단하는 경우가 바로 그것이다.

　예를 들어, 용도지역이 자연녹지지역의 토지 500㎡의 경우, 최대 건축면적은 토지 면적 500㎡에 건폐율의 상한인 20%를 적용한 100㎡, 최대 연면적은 토지 면적 500㎡에 용적률의 상한인 100%를 적용한 500㎡다.

　하지만 앞과 같은 사례는 일부 지역에서는 적용 가능하지만, 제주도에서는 도시계획조례에 따라 일부 용도지역의 건폐율과 용적률이 다르게 적용되기에 주의해야 한다. 기본적으로 국계법에서 건폐율과 용적률은 상한선을 규제하고 있다.

〈국계법에 따른 용도지역별 건폐율과 용적률〉

용도지역			건폐율	용적률
도시지역	주거지역	제1종 전용주거지역	50% 이하	100% 이하
		제2종 전용주거지역	50% 이하	150% 이하
		제1종 일반주거지역	60% 이하	200% 이하
		제2종 일반주거지역	60% 이하	250% 이하
		제3종 일반주거지역	50% 이하	300% 이하
		준주거지역	70% 이하	500% 이하
	상업지역	중심상업지역	90% 이하	1500% 이하
		일반상업지역	80% 이하	1300% 이하
		근린상업지역	70% 이하	900% 이하
		유통상업지역	80% 이하	1100% 이하
	공업지역	전용공업지역	70% 이하	300% 이하
		일반공업지역		350% 이하
		준공업지역		400% 이하
	녹지지역	보전녹지지역	20% 이하	80% 이하
		생산녹지지역		100% 이하
		자연녹지지역		100% 이하
관리지역	보전관리지역		20% 이하	80% 이하
	생산관리지역			80% 이하
	계획관리지역		40% 이하	100% 이하
농림지역			20% 이하	80% 이하
자연환경보전지역			20% 이하	80% 이하

출처 : 국토의 계획 및 이용에 관한 법률 제77조, 제78조

하지만 제주특별자치도 도시계획조례로 건폐율, 용적률을 일부 용도지역에 강화된 조건을 적용하고 있기에 최종적으로는 해당 시·도의 조례를 반드시 확인해야 한다.

〈용도지역, 제주도시계획조례에 따른 강화된 건폐율, 용적률〉

용도지역			건폐율		용적률	
			국계법	조례	국계법	조례
도시 지역	주거지역	제1종 전용주거	50% 이하	40% 이하	100% 이하	80% 이하
		제2종 전용주거	50% 이하	40% 이하	150% 이하	120% 이하
		제1종 일반주거	60% 이하	60% 이하	200% 이하	200% 이하
		제2종 일반주거	60% 이하	60% 이하	250% 이하	250% 이하
		제3종 일반주거	50% 이하	50% 이하	300% 이하	300% 이하
		준주거	70% 이하	60% 이하	500% 이하	500% 이하
	상업지역	중심상업지역	90% 이하	80% 이하	1500% 이하	1300% 이하
		일반상업지역	80% 이하	80% 이하	1300% 이하	1000% 이하
		근린상업지역	70% 이하	60% 이하	900% 이하	700% 이하
		유통상업지역	80% 이하	70% 이하	1100% 이하	700% 이하
	공업지역	전용공업지역	70% 이하	60% 이하 별1)	300% 이하	200% 이하
		일반공업지역			350% 이하	300% 이하
		준공업지역			400% 이하	300% 이하
	녹지지역	보전녹지지역	20% 이하	20% 이하	80% 이하	60% 이하
		생산녹지지역			100% 이하	60% 이하
		자연녹지지역			100% 이하	80% 이하
비도시 지역	관리지역	보전관리지역	20% 이하	20% 이하	80% 이하	60% 이하
		생산관리지역	20% 이하	20% 이하	80% 이하	60% 이하
		계획관리지역	40% 이하	40% 이하	100% 이하	80% 이하
	농림지역		20% 이하	20% 이하	80% 이하	50% 이하
	자연환경보전지역		20% 이하	20% 이하	80% 이하	50% 이하

별1) 주된 용도가 공장·창고의 경우 70% 이하
출처 : 제주특별자치도 도시계획 조례 제60조, 제61조

이와 더불어 용도지구와 용도구역 이외의 특정 조건에 따라 또 다시 건폐율과 용적률을 추가적으로 강화해 적용하고 있으니, 자세한 사항은 '토지이음'을 통해 제주특별자치도 도시계획조례 제60조(용도지역에서의 건폐율), 제61조(용도지역에서의 용적률)의 행위 제한 내용을 확인해야 한다.

그렇다면 우리는 국계법과 제주특별자치도 도시계획조례에 따른 건폐율과

용적률을 고려해 '개발 가능한 건축면적과 연면적'의 상한선을 적용하면 될까? 아니다. 한 가지 더 체크해야 할 사항이 있다.

제주도는 '제주특별자치도 보전지역 관리에 관한 조례'로 제주 자연환경 보전의 중요성과 보전가치에 따라 보전지역을 절대보전, 상대보전, 관리보전지역으로 나눈다. 관리보전지역은 다시 지하수자원, 생태계보전, 경관보전 지구 등으로 구분되며, 이를 세부적으로 등급을 정해 추가적으로 개발행위를 규제하고 있다.

이해를 위해 계획관리지역의 토지에 추가로 생태계보전지구 3등급에 포함된 토지 100평이 있다고 가정해보자. 별도의 건축 높이 제한 등 다른 법률의 규정 없이 국계법에서 정한 계획관리지역의 건폐율과 용적률만 각각 40%와 80%를 적용한다면, 최대 건축면적 40평, 연면적 80평의 건축물을 건축할 수 있다.

하지만 생태계보전지구 3등급으로 포함되어, 해당 조례에 따르면 30% 개발, 70% 보전이라는 규제를 추가로 적용한다. 그러면 최종적으로는 최대 건축면적 12평, 연면적 24평의 건축물만이 건축할 수 있을 뿐이다. 충격적이지 않은가?

〈계획관리지역, 생태계보전지구 3등급 토지 100평의 건축 상한(예시)〉

구분	용도지역	제주도 보전지역에 관한 조례
	계획관리지역	생태계보전지구 3등급
	건폐율 40%, 용적률 80%	개발 30%, 보전 70%
건축한도	건축면적 : 100평 X 40%(건폐율) X 30% = 12평 연면적 : 100평 X 80%(용적률) X 30%(조례) = 24평	

출처 : 저자 작성

보전지역의 특징은 뒤이어 살펴볼 '제주특별자치도 설치 및 국제자유도시 조성을 위한 특별법'에서 좀 더 세부적으로 알아보겠다.

결론적으로 제주도 내 특정 토지의 개발 규모와 용도 확인을 위해서는 ① 국계법의 용도지역에 따른 건폐율·용적률은 기본이고, ② 제주특별자치도 도시계획조례, ③ 보전지역에 관한 조례 등 제주도의 특별법에 따른 개발행위의 제한 사항을 모두 살펴야 한다.

제주특별자치도 설치 및 국제자유도시 조성을 위한 특별법

우리에게 '국토 계획 및 이용에 관한 법률(이하 '국계법')'이라는 단어는 그리 생소하지 않을 것이다. 시중에 부동산 관련 책이나 방송, 인터넷 등에서 많이 쓰이는 용어이기 때문이다.

그렇다면 '제주특별자치도 설치 및 국제자유도시 조성을 위한 특별법(이하 '제주특별법')'은 어떤가? 제주도민이 아니라면 다소 생소하게 들릴 수 있다.

제주도는 '국계법'에서 정한 법률뿐만 아니라 '제주특별법'을 제정해 제주특별자치도에 필요한 법률을 따로 규정하고 있다. '제주특별법' 제 355조(절대보전지역), 동법 제 356조(상대보전지역), 동법 제 357조(관리보전지역의 지정)에 따라 도지사는 도의회의 동의를 받아 자연환경의 고유한 특성을 보호하기 위해 절대보전지역, 자연환경의 보전과 적정한 개발을 유도하기 위해 상대보전지역, 지하수자원 · 생태계 · 경관을 보전하기 위해 관리보전지역을 각각 지정하고 있다.

벌써 머릿속이 혼란스러울 수 있다. 그렇다고 실망하거나 두려워할 필요는 없다. 오히려 기뻐할 일이 아닌가? '일반인이 모르는 정보를 추가로 알고 있다'라는 것은 '시장 경쟁자보다 합리적인 투자를 할 가능성이 크다'라고 해석할 수 있으니 말이다.

우선 한 가지만 주의하고 차근차근 학습해보자. '제주특별법'으로 정한 절대보전지역, 상대보전지역, 관리보전지역의 대상지역은 '국계법'에 따라 모든 토지를 구분해놓은 용도지역과는 다른 개념으로, 제주도 고유의 환경 보호를 위한 추가적인 제한으로 이해해야 한다.

절대보전지역은 한라산국립공원/도시지역·도서(섬)에, 상대보전지역은 도시지역·도서(섬)에, 관리보전지역은 비도시지역으로 절대보전지역과 상대보전지역을 제외한 지역에 지정할 수 있다.

〈'제주도 보전지역 관리에 관한 조례'에 따른 보전지역〉

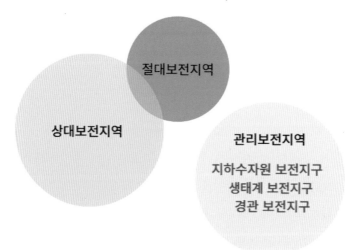

절대보전지역

상대보전지역

관리보전지역

지하수자원 보전지구
생태계 보전지구
경관 보전지구

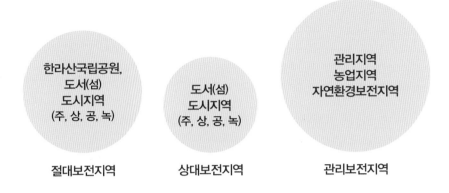

〈절대·상대·관리보전지역 지정 대상 지역〉

한라산국립공원, 도서(섬) 도시지역 (주, 상, 공, 녹)	도서(섬) 도시지역 (주, 상, 공, 녹)	관리지역 농업지역 자연환경보전지역
절대보전지역	상대보전지역	관리보전지역

예를 들면 자연녹지지역은 도시지역 내에 있으므로 절대보전지역 또는 상대보전지역에 포함될 수 있으나, 관리보전지역으로 세분화된 지하수자원·생태계·경관보전지구로 지정될 수 없다. 또한 계획관리지역은 비도시지역 내 관리지역에 속하므로 절대보전지역이나 상대보전지역으로 지정될 수 없다.

보전지역의 정의와 행위 제한 내용을 살펴보자.

① 절대보전지역

절대보전지역은 자연환경을 보호하기 위해 한라산, 기생화산, 계곡, 하천, 호소(湖沼), 폭포, 연안, 용암동굴 등 자연환경이 뛰어난 지역, 수자원과 문화재 보존이 필요한 지역, 야생동물 서식지 또는 도래지 등에 지정한다.

절대보전지역에서는 그 지역 지정의 목적에 위배되는 건축물의 건축, 인공구조물과 그 밖의 시설 설치, 토지의 형질변경, 토지의 분할, 공유수면의 매립, 수목의 벌채, 흙·돌의 채취, 도로의 신설 등과 이와 유사한 행위를 할 수 없다.

하지만 자연자원의 원형을 훼손하거나 변형시키지 않는 범위에서 재생에너지 설비의 설치, 절대보전지역 지정 당시 시설로서 1층 이하, 연면적 85㎡ 이하의 단독주택, 연면적 100㎡ 이하의 창고 시설의 허가가 가능하다.

② 상대보전지역

상대보전지역은 기생화산, 하천, 계곡, 주요 도로변, 해안 등 생태계 또는 경관보전이 필요한 지역, 절대보전지역을 제외한 지역 중 보전할 필요가 있는 지역에 지정한다.

상대보전지역 지정기준은 각각의 지하수자원·생태계·경관보전지구 2등급 지역으로 한다. 상대보전지역 내에서는 절대보전지역에서 불가능한 개발행위라도 제주특별자치도지사의 허가를 받은 경우에 한해 개발행위가 가능하다.

또한 박물관, 미술관을 건축하거나, 농업, 임업, 축산업, 수산업을 영위, 또는 숙박, 판매 등 소득과 연관되는 2층 이하의 건축물(부대 건축물, 부설주차장 포함) 건축이 가능하다.

③ 관리보전지역

관리보전지역은 도시지역 및 제주도 부속도서를 제외한 지역 중 지하수자원, 생태계 및 경관을 보전하기 위해 각각의 지구와 등급으로 나눠서 필요한 지역에 지정할 수 있으며, 관리보전지역은 다시 지하수자원 보전지구, 생태계 보전지구, 경관 보전지구 등 3개의 지구로 나눠 지정하고 있다.

세분화된 보전지구는 1~5등급 등으로 구분되고, 각 등급에 따라 개발행위에 따른 개발 면적, 건축물의 높이, 하수 배출에 관한 사항 등을 규정하고 있으며, 보전지구별 행위 제한 내용의 핵심을 요약하면, 다음과 같다.

〈제주도 보전지역 내 보전지구별 행위 제한 내용〉

보전지구	등급	지정기준	행위제한
지하수 자원 보전 지구	1등급	숨골, 하천, 용암동굴 등	모든 폐수, 폐기물, 생활하수, 가축분뇨 배출시 설 설치 금지
	2등급	곶자왈, 기생화산 (오름)	하수관로 연결 또는 개인 하수처리 시설 설치시 생활하수 허용
	3등급	–	특정수질유해물질발생 시설 외 법정 조치 시 허용
	4등급	–	법정 조치 시 모두 허용
생태계 자원 보전 지구	1등급	멸종위기 야생생물 서식지 등	산지 전용 및 입목의 벌채 금지, 토지 형질 변경 금지
	2등급	자연림, 희귀식물 군락지	농임축수산업 용도 1,000m 이하 산지 전용 허용
	3등급	2차림, 동물 서식 환경 양호지역 등	해당 등급 면적의 30% 이내 산지 전용, 토지 형질변경 허용
	4-1등급	조림지, 동물 서식환경 중간지역 등	해당 등급 면적의 50% 이내 산지 전용, 토지 형질변경 허용
	4-2등급	잡목지, 초지	개별법 적용
	5등급	경작지, 취락지 등	개별법 적용
경관 보전 지구	1등급	기생화산(오름), 해안선 주변	시설물 설치 및 토지 형질 변경 금지
	2등급	기생화산(오름) 지역내 경작지	시설물 높이 9m(2층), 길이 90m 이하 허용
	3등급	–	시설물 높이 12m(3층), 길이 120m 이하 허용
	4등급	–	시설물 높이 15m, 길이 150m 이하 허용
	5등급	–	개별법 적용

출처 : 제주특별자치도 보전지역 관리에 관한 조례

이러한 규정의 예외 사항으로, 경관보전지구 1등급에서도 해안선 주변(해안선 에서 50m 이내)은 농·수산업용 시설물에 한해 높이 5m(1층) 이하는 허용되고, 경관

보전지구 3~4등급 지구에서 2층 이하의 농·임·축·수산업용 시설물의 길이 제한은 제외된다는 점은 유념하자.

이렇게 중요한 보전지역의 지정사항은 어디에서 어떻게 확인할 수 있을까? 보전지역의 지정사항과 행위 제한 내용은 토지이음(www. eum.go.lr)에서 확인할 수 있다. '토지이용계획 열람'의 화면에서 지역·지구의 지정 확인이 필요한 특정 토지의 지번을 넣고 '열람' 버튼을 누르면 확인할 수 있다.

다음의 토지이음의 예는 '도서(섬)'로 '국계법'상 용도지역은 도시지역 내 보전녹지지역, '제주특별법'상 절대보전지역과 상대보전지역에 저촉*되어 있다.

〈토지이음의 토지이용계획 열람 화면(예)〉

출처 : 토지이음

* 저촉 : '지역·지구에 저촉'은 해당 토지 전체가 특정 지역과 지구에 전부 포함되는 것이 아닌, 토지 일부만 해당 지역·지구에 포함된다는 의미다.

앞의 확인도면을 클릭하면 세부적인 지역·지구별로 색이 반전되면서 다음 자료처럼 보다 상세히 지정된 사항과 위치를 파악할 수 있다.

〈토지이음의 상세 도면 보기 화면〉

출처 : 토지이음

보다 직관적으로 절대·상대·관리보전지역과 지적도를 연계해 확인하고 싶다면 다양한 공간 서비스를 제공하는 '제주도 지리정보포털(gis.jeju.go.kr)' 사이트를 검색해 조회해보기를 추천한다.

〈제주특별자치도 지리정보포털〉

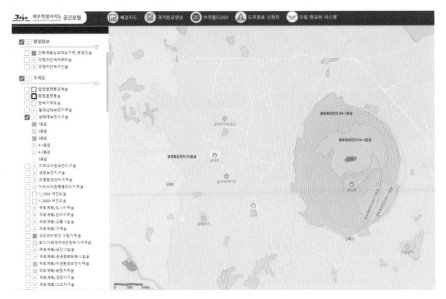

조회 방법은 인덱스 내용에서 '연속지적도'와 확인하고 싶은 내용을 선택하면 쉽게 파악할 수 있다.

제주도 전체의 '절대·상대보전지역과 관리보전지역'을 세분화한 '지하수자원보전지구', '생태계보전지구', '경관보전지구'의 지정 현황이다.

〈절대·상대보전지역 지정 현황〉

(단위 : ㎢)

제주시		동지역		한림읍		애월읍		구좌읍	
		소계	71.20	소계	2.58	소계	21.44	소계	1.56
소계	118.38	절대	70.08	절대	1.97	절대	21.31	절대	1.27
		상대	1.12	상대	0.61	상대	0.13	상대	0.29
절대	115.45	조천읍		한경읍		추자면		우도면	
		소계	12.11	소계	1.68	소계	6.73	소계	1.08
상대	2.93	절대	12.00	절대	1.46	절대	6.29	절대	1.07
		상대	0.11	상대	0.22	상대	0.44	상대	0.01

서귀포시		동지역		대정읍		남원읍		제주특별자치도	
		소계	56.95	소계	4.18	소계	28.12		
소계	96.02	절대	49.64	절대	3.50	절대	27.73	합계	214.40
		상대	7.31	상대	0.68	상대	0.39		
절대	86.19	성산읍		안덕면		표선면		절대	201.64
		소계	4.74	소계	1.51	소계	0.52		
상대	9.83	절대	4.50	절대	0.35	절대	0.47	상대	12.76
		상대	0.24	상대	1.16	상대	0.05		

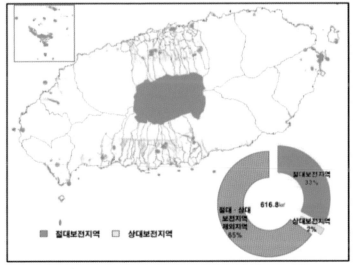

■ 절대보전지역 □ 상대보전지역

자료 : 관리보전지역 해제 및 절대보전지역 지정 고시.(제주특별자치도 고시 제2019-220호, 2019.12.27.)

출처 : 제주도청 환경정책과 제공

이 자료에서처럼 절대보전지역과 상대보전지역은 한라산국립공원 전체와 제주 부속도서, 그리고 문화재보호구역 등에 지정되어 있음을 알 수 있다.

〈지하수자원 보전지구 지정 현황〉

(단위 : ㎢)

제주시		동지역		한림읍		애월읍		구좌읍	
소계	653.99	소계	66.24	소계	58.33	소계	164.97	소계	170.33
		1-2등급	14.81	1-2등급	10.83	1-2등급	20.87	1-2등급	25.76
1-2등급	120.52	3-4등급	51.43	3-4등급	47.50	3-4등급	144.10	3-4등급	144.57
		조천읍		한경면		추자면		우도면	
3-4등급	533.47	소계	126.10	소계	68.02	소계	-	소계	-
		1-2등급	35.53	1-2등급	12.72	1-2등급	-	1-2등급	-
		3-4등급	90.57	3-4등급	55.30	3-4등급	-	3-4등급	-

서귀포시		동지역		대정읍		남원읍		제주특별자치도	
소계	579.31	소계	72.91	소계	53.49	소계	139.47	합계	1,233.30
		1-2등급	9.89	1-2등급	9.78	1-2등급	31.00		
1-2등급	109.90	3-4등급	63.02	3-4등급	43.71	3-4등급	108.46	1-2등급	230.42
		성산읍		안덕면		표선면			
3-4등급	469.41	소계	83.58	소계	98.60	소계	131.26	3-4등급	1,002.88
		1-2등급	5.23	1-2등급	34.39	1-2등급	19.61		
		3-4등급	78.35	3-4등급	64.22	3-4등급	111.65		

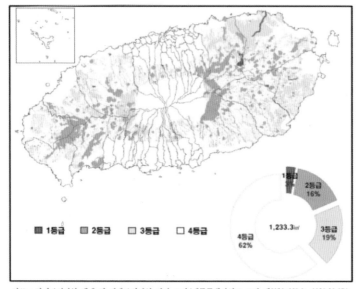

자료 : 관리보전지역 해제 및 절대보전지역 지정 고시.(제주특별자치도 고시 제2019-220호, 2019.12.27.)

출처 : 제주도청 환경정책과 제공

'지하수자원 보전지구'와 '생태계보전 지구'는 한라산국립공원과 도시지역을 제외한 관리지역에 대해 지정되어 있음을 알 수 있다.

〈생태계 보전지구 지정 현황〉

(단위 : km²)

제주시		동지역		한림읍		애월읍		구좌읍	
소계	653.99	소계	66.25	소계	58.32	소계	164.96	소계	170.34
		1-2등급	7.52	1-2등급	1.02	1-2등급	22.06	1-2등급	3.83
1-2등급	55.72	3-5등급	58.73	3-5등급	57.30	3-5등급	142.90	3-5등급	166.51
		조천읍		한경면		추자면		우도면	
3-5등급	598.27	소계	126.10	소계	68.02	소계	-	소계	-
		1-2등급	16.96	1-2등급	4.33	1-2등급	-	1-2등급	-
		3-5등급	109.14	3-5등급	63.69	3-5등급	-	3-5등급	-

서귀포시		동지역		대정읍		남원읍		제주특별자치도	
소계	579.31	소계	72.91	소계	53.49	소계	139.47	합계	1,233.30
		1-2등급	44.57	1-2등급	3.73	1-2등급	27.95		
1-2등급	90.70	3-5등급	28.34	3-5등급	49.76	3-5등급	111.52	1-2등급	146.42
		성산읍		안덕면		표선면			
3-5등급	488.61	소계	83.58	소계	98.60	소계	131.26	3-5등급	1,086.88
		1-2등급	0.38	1-2등급	9.30	1-2등급	4.77		
		3-5등급	83.20	3-5등급	89.30	3-5등급	126.49		

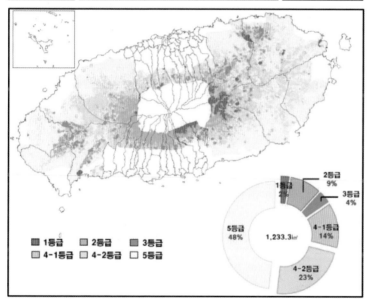

자료 : 관리보전지역 해제 및 절대보전지역 지정 고시.(제주특별자치도 고시 제2019-220호, 2019.12.27.)

출처 : 제주도청 환경정책과 제공

'제주특별자치도 보전지역 관리에 관한 조례'에 따라 절대·상대·관리 보전지역은 5년마다 정기조사를 실시하고 불합리한 부분을 찾아 재조정하고 있다. 이때 정기조사 이후 필지별 조서와 도면을 포함한 변경(안)에 대해 14일 이상 주민 공람과 의견을 수렴하도록 하고 있으니, 불합리한 지정이라고 판단될 경우, 의견 제출을 통해 적극적인 재산권 행사를 할 수 있어야 한다.

마지막으로, 하나의 필지에 절대보전지역과 상대보전지역 등 둘 이상의 보전지역이 지정될 경우, 면적 관계없이 각각의 행위 제한을 적용한다. 그리고 관리보전지역 내 하나의 필지에 보전지구 등급이 둘 이상 지정될 경우에도 각각의 행위 제한을 적용한다.

단, 관리보전지역 내 하나의 필지가 보전지구 3등급, 4등급, 5등급 중 둘 이상의 등급이 지정될 경우에는 각각의 면적을 비교해 둘 다 330㎡ 초과 시 각각 해당하는 행위 제한을 적용하고, 각각의 면적 중 330㎡ 이하의 경우에는 면적이 넓은 등급의 행위 제한을 적용한다.

〈하나의 필지에 둘 이상의 보전지구 등급이 지정된 경우 행위 제한〉

〈보전지구 지정에 따른 행위 제한 예시〉

생태계 3등급(400㎡)과 5등급(400㎡) 지정 : 각각 적용

생태계 3등급(400㎡)과 5등급(200㎡) 지정 : 3등급 적용

생태계 3등급(200㎡)과 5등급(300㎡) 지정 : 5등급 적용

생태계 2등급(400㎡)과 4-2등급(300㎡) 지정 : 각각 적용

생태계 3등급(200㎡, 4-1등급(200㎡), 5등급(300㎡) 지정 : 5등급 적용

제주 부동산을 배우고, 나아가 투자하기 위해서는 앞에서 살펴본 것처럼 '제주특별법'에 따른 절대·상대·관리보전지역의 지정 대상과 지정 사유, 이에 따른 행위 제한 사항에 대한 사전 학습이 반드시 필요하다. 본인 소유 토지의 토지가 있다면 토지이음의 '토지이용계획'에 관한 내용을 확인해보자. 매수 계획이 있다면 개발 가능한 면적과 범위를 구체적으로 확인해서 매수 목적에 부합하는 토지인지 검토가 우선되어야 한다.

일반적으로 절대보전지역에서는 일체 개발행위가 불가능하다. 하지만 '농·임·축·수산업용 시설의 관리사(85㎡ 이하의 단독주택) 또는 100㎡ 이하 창고의 건축은 절대보전지역에서도 가능하다'라는 사실을 앞서 확인했듯이 학습은 매우 중요하다.

이 내용을 토대로 다음 자료의 토지를 살펴보자. 토지이음의 토지이용계획을 보면, 용도지역은 '보전관리지역'이고 국계법에서 적용하는 건폐율은 20% 이하, 용적률은 80% 이하로 규정하고 있다. 하지만 추가로 제주도 도시계획조례로 보전관리지역은 건폐율 20%, 용적률은 60% 이하를 각각 적용한다.

또한 이 자료에서 보전관리지역 내 보전지구 등급별 개발행위의 조건과 제한 사항이 있음을 확인할 수 있어야 한다.

앞에서 〈제주도 보전지역 내 보전지구별 행위 제한 내용〉에 따르면 해당 토지는 '경관보전지구 3등급'으로 시설물 높이 12m(3층 이하), 길이 120m 이하의 시설물 설치가 가능하다.

그리고 '생태계보전지구4-1등급'으로, 국계법 보전관리지역의 건폐율 20%를

〈토지이음의 토지이용계획확인원〉

출처 : 토지이음

적용한 후, 다시 해당 면적의 50%만 개발이 가능해, 해당 토지 면적 641㎡에 건폐율 20%를 곱한 뒤 다시 50%를 곱하면 건축 가능한 면적이 64㎡로 전체 대지 면적의 10%에 불과함을 알 수 있다.

'지하수자원 보전 2등급'은 곶자왈과 암석지 등에 지정하며, 공공하수도(하수관로) 연결 또는 개인 하수처리 설치 시, 생활 하수는 허용하되, 폐수, 폐기물 시설 설치는 금지됨을 알 수 있다.

토지 시세 파악하는 방법 4가지

부동산 중개사무소를 운영하다 보니, 고객들과 부동산 투자에 대해 상담하면, 자연스럽게 제주도 토지 투자를 권유하게 된다. 그만큼 제주의 토지는 투자 매력과 가치가 높기 때문이다.

이에 대한 고객들의 반응은 "아파트나 상가는 부동산 앱을 보면 조금 알겠는데, 토지는 규제사항이나 확인할 것들은 많은데, 거래 사례는 많이 없어서 시세 파악이 힘들다"라고 한다.

그렇다면 토지의 시세는 어떻게 파악할 수 있을까? 필자의 경우, 토지 시세를 다음의 4가지 방법을 통해 확인한다.

첫째, 시세 확인이 필요한 토지 인근의 거래된 토지 실거래가를 조회한다. 인근 토지의 실거래가를 확인하는 것이 중개사나 일반인들이 즐겨 하는 시세 확인 방법이다. 이때, 너무 오래된 거래 사례는 제외하고 과거 3년 내의 자료를 활용하는 것이 좋다.

주의해야 할 점은 인접한 토지라 할지라도 토지의 모양, 경사도, 도로 접 조건, 지목 등이 다르다는 것이다. 이런 개별성으로 인해 인근 토지의 시세와 직접적인 비교는 신중히 해야 한다. 참고로 필자는 주로 국토교통부 실거래가 자료와 디스코 앱을 통해 실거래가를 먼저 확인한다.

〈국토교통부 실거래가 공개시스템〉

출처 : 국토교통부

국토교통부 실거래가 공개시스템 사이트를 확인해보면 검색조건을 이용해 기준연도, 관심지역 선택 후, 검색을 하면 1년간 거래 내역을 확인할 수 있다.

예를 들어, 2022년도 제주시 화북일동 토지의 거래 사례를 살펴보면 화북일동의 자연녹지 1,081㎡ 토지가 4월 25일 8억 원에 거래되었다는 것을 알 수 있다.

하지만 국토교통부 실거래가 자료만으로는 지목, 용도지역, 면적 거래금액 정도만 확인할 수 있는 반면, 디스코 앱에서 해당 지역의 실거래 사례를 교차 확인해보면, 지번과 위치, 토지의 모양까지도 추정해볼 수 있어 시세 파악에 도움이 된다.

<부동산 디스코 앱을 통해 확인한 거래 사례>

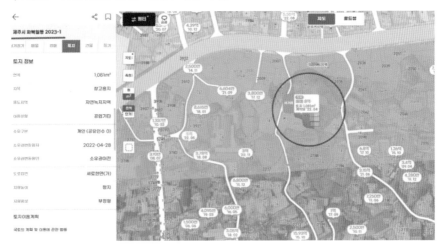

출처 : 디스코

국토교통부 자료를 통해 읍·면·동 단위 행정구역, 거래 년 월, 면적, 가격 등 확인 후, 디스코 앱을 통해 해당 지역의 거래 사례를 차례로 확인하면 일치하는 값들을 가진 거래 토지를 찾을 수 있다.

예로 앞의 토지는 '화북일동 2023-1번지'라는 것을 누구나 어렵지 않게 찾을 수 있다. 더불어 자루형 모양의 토지, 도로 접면 길이, 토지 지상에 창고와 소유권 변동일(이전등기일) 등 보다 많은 자료 확인이 가능하다.

하지만 이렇게 파악한 실거래가는 단순 참고에 그쳐야 한다. 어디까지나 각각의 개별성을 가진 토지의 거래 사례에 불과하며, 현재까지도 다운계약, 업계약, 특수 관계인 간의 계약 등도 빈번하게 이뤄지기 때문에 주변 시세와 비교해 현저하게 높거나 낮게 거래된 사례는 주의해야 한다.

둘째, 인근 공인중개사를 통해 시세를 파악한다. 공인중개사는 저마다 주관적 판단 기준이 있기 때문에 최소 해당 지역 내 2~3명의 공인중개사에게 문의하는 것이 좋다.

보다 정확한 답변을 원한다면 문의 목적, 매도 또는 매수 시기, 예산, 면적 등을 구체적으로 제시하는 것이 좋다. 요청 사항이 명확할수록 공인중개사의 입장에서는 적합한 매물을 찾기가 수월하고 거래 가능성도 커 적극적으로 응대해줄 수 있기 때문이다. 예를 들어 "요즘 화북동 토지 시세가 어떤가요?"보다 "화북동 주민센터 주변의 일반주거지역 토지 100평 정도를 매수하고 싶은데 시세가 어떤가요?"라고 물어야 더 구체적인 답변을 기대할 수 있을 것이다.

참고로 문의 고객이 매도자 혹은 매수자 여부에 따라 동일한 물건이어도 다른 답변을 받을 수 있음도 유념해야 한다. 그 이유는 중개사는 기본적으로 중개 수수료를 통해 수익을 창출하는데, 중개는 부동산 매도와 매수 의뢰부터 시작되기에 물건 접수에 상당한 노력을 기울일 수밖에 없다.

따라서 문의 고객이 매도자인 경우, 실제 거래 사례보다 비교적 높은 가격에 팔고자 하는 욕구에 맞춰 다소 높게 시세를 안내하는 경향이 있는 반면, 고객이 매수자인 경우에는 반대로 낮은 가격에 매수를 원하기에 현재 특정 매물이 주변의 거래 사례보다 저렴한 것처럼 안내하는 경향이 있음을 감안하자.

셋째, 주거래 은행 등에 탁상감정을 의뢰한다.
부동산의 정식 감정은 감정평가사가 한다. 하지만 매수 여부도 결정하지 않은 부동산에 대해 정식 감정평가를 의뢰하기에는 감정평가 비용이 부담될 수 있다. 이럴 경우, 은행의 대출 담당자에게 매수에 따른 담보대출 가능 여부, 대출 가능금액 문의와 함께 해당 물건에 대한 탁상감정평가도 문의해볼 수 있다.

필자가 중개업무로 많은 탁상감정을 의뢰한 결과, 탁상감정 가격은 일반시세 대비 80% 내외로 형성됨을 알 수 있었다. 실제 은행 입장에서는 대출실행에 따른 이자 수입도 좋지만, 안정적으로 대출금을 환수하는 것이 무엇보다 중요하기에 시세 대비 보수적으로 감정된 감정평가서를 선호할 수밖에 없다.

더불어 은행들과 협약을 맺고 감정을 하는 감정평가 법인들도 평가 오류에 따른 부실채권 발생 시 최악의 경우에는 구상권 청구 소송에 휘말릴 수도 있어 더 보수적으로 감정평가를 하는 경향이 있다. 참고로 동일물건에 대해서도 '은행 감정가 〈 보상 감정가 〈 일반 감정가 〈 경매 감정가' 순으로 감정가가 상이한 것은 공공연한 사실이다.

넷째, 토지가격비준표를 활용한다. '토지가격비준표'란, 대량의 토지에 대한 가격을 간편하게 산정할 수 있도록 계량적으로 고안된 '간편지가 산정표'로 매년 국토교통부 장관이 작성하도록 법률로 정하고 있다.

토지가격비준표는 표준지와 개별지의 토지 특성 차이에 대한 가격 격차율로 개별공시지가를 결정하는 매우 중요한 기준이 된다. 토지 가격 비교 시 이를 활용하면 나름의 의미 있는 결과를 얻을 수 있다.

토지가격비준표는 토지 가격에 영향을 주는 22개 항목을 기준으로 작성된다. 특히 인근의 거래 사례가 적어 시세 파악이 쉽지 않은 토지 시세 파악 시 더

유용하다. 그뿐만 아니라 실제 토지가격비준표에 영향을 주는 요소를 기초로
토지 임장 시 활용하면 토지의 장단점을 자세히 파악할 수 있다.

> **토지가격비준표 22가지 항목**
>
> 용도지역, 지목, 토지면적, 용도지구, 도시계획 시설, 기타제한, 농지 구분, 비옥도, 경지 정리,
> 임야, 토지이용 상황, 공공용지, 고저, 형상, 방위, 도로 점면, 도로거리, 철도 고속도로 등, 폐기
> 물 수질오염, 변전소, 경작 여건, 묘지 소개 불리 여건(제주도만 적용)

　　예를 들면, ○○리 2701-2번지(**자연녹지지역**)의 시세를 인근의 주거지역의 거래
가와 토지가격비준표를 통해 유추해보자.

〈2019년 2월에 거래된 제1종 주거지역 전 88평〉

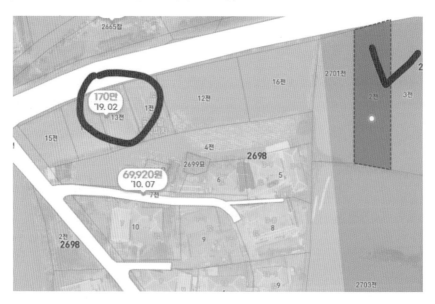

출처 : 디스코

토지의 형상 고저, 지목 등 나머지 조건이 같다고 가정하면 아래 비준표를 통해 자연녹지지역은 제1종 주거지역의 41% 수준임을 알 수 있고, 해당 토지의 시세는 평당 70만 원(170만 원 X 41%) 수준임을 유추할 수 있다.

〈2023년 제주특별자치도 공통 토지가격비준표〉

	1전	2전	1주	2주	3주	준주	중상	일상	근상	유상	전공	일공	준공	보전	생산	자연	개계	미창	관리	보관	생관	계관	농림	자보
1전	1.00	1.01	1.04	1.09	1.19	1.29	1.82	1.70	1.68	1.65	0.89	0.91	1.07	0.26	0.40	0.43	0.35	0.36	0.35	0.24	0.33	0.47	0.16	0.15
2전	0.99	1.00	1.03	1.08	1.18	1.28	1.80	1.68	1.66	1.63	0.88	0.90	1.06	0.26	0.40	0.43	0.35	0.36	0.35	0.24	0.33	0.47	0.16	0.15
1주	0.96	0.97	1.00	1.05	1.14	1.24	1.75	1.63	1.62	1.59	0.86	0.88	1.03	0.25	0.38	0.41				0.23	0.32	0.45	0.15	0.14
2주	0.92	0.93	0.95	1.00	1.09	1.18	1.67	1.56	1.54	1.51	0.82	0.83	0.98	0.24	0.37	0.39	0.30	0.33	0.32	0.22	0.30	0.43	0.15	0.14
3주	0.84	0.85	0.87	0.92	1.00	1.08	1.53	1.43	1.41	1.39	0.75	0.76	0.90	0.22	0.34	0.36	0.29	0.30	0.29	0.20	0.28	0.39	0.13	0.13
준주	0.78	0.78	0.81	0.84	0.92	1.00	1.41	1.32	1.30	1.28	0.69	0.71	0.83	0.20	0.31	0.33	0.27	0.28	0.27	0.19	0.26	0.36	0.12	0.12
중상	0.55	0.55	0.57	0.60	0.65	0.71	1.00	0.93	0.92	0.91	0.49	0.50	0.59	0.14	0.22	0.24	0.19	0.20	0.19	0.13	0.18	0.26	0.09	0.08
일상	0.59	0.59	0.61	0.64	0.70	0.76	1.07	1.00	0.99	0.97	0.52	0.54	0.63	0.15	0.24	0.25	0.21	0.21	0.21	0.14	0.19	0.28	0.09	0.09
근상	0.60	0.60	0.62	0.65	0.71	0.77	1.08	1.01	1.00	0.98	0.53	0.54	0.64	0.16	0.24	0.26	0.21	0.21	0.21	0.14	0.20	0.28	0.10	0.09
유상	0.61	0.61	0.63	0.66	0.72	0.78	1.10	1.03	1.02	1.00	0.54	0.55	0.65	0.16	0.24	0.26	0.21	0.22	0.21	0.15	0.20	0.28	0.10	0.09
전공	1.12	1.13	1.17	1.22	1.34	1.45	2.04	1.91	1.89	1.85	1.00	1.02	1.20	0.29	0.45	0.48	0.39	0.40	0.39	0.27	0.37	0.53	0.18	0.17
일공	1.10	1.11	1.14	1.20	1.31	1.42	2.00	1.87	1.85	1.81	0.98	1.00	1.18	0.29	0.44	0.47	0.38	0.40	0.38	0.26	0.36	0.52	0.18	0.16
준공	0.93	0.94	0.97	1.02	1.11	1.21	1.70	1.59	1.57	1.54	0.83	0.85	1.00	0.24	0.37	0.40	0.33	0.34	0.33	0.22	0.31	0.44	0.15	0.14
보전	3.85	3.88	4.00	4.19	4.58	4.96	7.00	6.54	6.46	6.35	3.42	3.50	4.12	1.00	1.54	1.65	1.35	1.38	1.35	0.92	1.27	1.81	0.62	0.58
생산	2.50	2.53	2.60	2.73	2.98	3.23	4.55	4.25	4.20	4.13	2.23	2.28	2.68	0.65	1.00	1.08	0.88	0.90	0.88	0.60	0.83	1.18	0.40	0.38
자연	2.33	2.35	2.42	2.53	2.77	3.00	4.23	3.95	3.91	3.84	2.07	2.12	2.49	0.60	0.93	1.00	0.81	0.84	0.81	0.56	0.77	1.09	0.37	0.35
개계	2.86	2.89	2.97	3.11	3.40	3.69	5.20	4.86	4.80	4.71	2.54	2.60	3.06	0.74	1.14	1.23	1.00	1.03	1.00	0.69	0.94	1.34	0.46	0.43
미창	2.78	2.81	2.89	3.03	3.31	3.58	5.06	4.72	4.67	4.58	2.47	2.53	2.97	0.72	1.11	1.19	0.97	1.00	0.97	0.67	0.92	1.31	0.44	0.42
관리	2.86	2.89	2.97	3.11	3.40	3.69	5.20	4.86	4.80	4.71	2.54	2.60	3.06	0.74	1.14	1.23	1.00	1.03	1.00	0.69	0.94	1.34	0.46	0.43
보관	4.17	4.21	4.33	4.54	4.96	5.38	7.58	7.08	7.00	6.88	3.71	3.79	4.46	1.08	1.67	1.79	1.46	1.50	1.46	1.00	1.38	1.96	0.67	0.63
생관	3.03	3.06	3.15	3.30	3.61	3.91	5.52	5.15	5.09	5.00	2.70	2.76	3.24	0.79	1.21	1.30	1.06	1.09	1.06	0.73	1.00	1.42	0.48	0.45
계관	2.13	2.15	2.21	2.32	2.53	2.74	3.87	3.62	3.57	3.51	1.89	1.94	2.28	0.55	0.85	0.91	0.74	0.77	0.74	0.51	0.70	1.00	0.34	0.32
농림	6.25	6.31	6.50	6.81	7.44	8.06	11.38	10.63	10.50	10.31	5.56	5.69	6.69	1.63	2.50	2.69	2.19	2.25	2.19	1.50	2.06	2.94	1.00	0.94
자보	6.67	6.73	6.93	7.27	7.93	8.60	12.13	11.33	11.20	11.00	5.93	6.07	7.13	1.73	2.67	2.87	2.33	2.40	2.33	1.60	2.20	3.13	1.07	1.00

출처 : 한국부동산원

　　더불어 비교한 거래 사례의 거래 시점은 2019년으로 공시지가 변동률(2022년 공시지가 ÷ 2019년 공시지가)을 적용하면 평당 89만 원(70만 원 X 15만 원 ÷ 11만 8,000 원)으로 유추할 수 있다.

〈'토지이음'의 연도별 공시지가 확인 화면〉

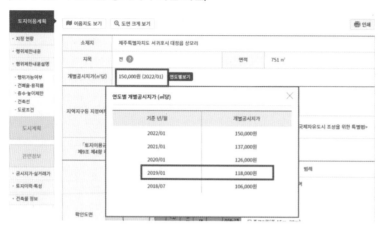

출처 : 토지이음

또한 한국부동산원의 '비준표 열람 서비스'를 통해 22가지 요소를 각각 적용한 비준표 자료를 확인할 수 있으니, 각각의 토지 특성을 비준표에 적용해볼 수 있다.

〈한국부동산원의 '읍·면·동 단위 + 용도지역별 + 지목별 비준표'〉

※ 지역모델 : 제주 〉 제주시 〉 화북이동 〉 자연녹지지역 〉 지목

지목	전	답	과	목	임	대	장	차	주	창	잡
전	1.00	1.00	1.00	0.97	0.92	1.15	1.15	1.15	1.15	1.09	1.09
답	1.00	1.00	1.00	0.97	0.92	1.15	1.15	1.15	1.15	1.09	1.09
과	1.00	1.00	1.00	0.97	0.92	1.15	1.15	1.15	1.15	1.09	1.09
목	1.03	1.03	1.03	1.00	0.95	1.19	1.19	1.19	1.19	1.12	1.12
임	1.09	1.09	1.09	1.05	1.00	1.25	1.25	1.25	1.25	1.18	1.18
대	0.87	0.87	0.87	0.84	0.80	1.00	1.00	1.00	1.00	0.95	0.95
장	0.87	0.87	0.87	0.84	0.80	1.00	1.00	1.00	1.00	0.95	0.95
차	0.87	0.87	0.87	0.84	0.80	1.00	1.00	1.00	1.00	0.95	0.95
주	0.87	0.87	0.87	0.84	0.80	1.00	1.00	1.00	1.00	0.95	0.95
창	0.92	0.92	0.92	0.89	0.84	1.06	1.06	1.06	1.06	1.00	1.00
잡	0.92	0.92	0.92	0.89	0.84	1.06	1.06	1.06	1.06	1.00	1.00

출처 : 한국부동산원

다음 자료의 면적 기준 비준표는 일반 상품이나 서비스의 대량 구매 시 구매 단가가 내려가는 것처럼, 토지 면적 또한 커질수록 더 할인되어 유용하게 사용할 수 있는 비준표다.

〈토지 면적 기준의 토지가격비준표〉

토지면적	3300	16500	33000	66000	그이상
3300	1.00	0.95	0.93	0.92	0.90
16500	1.05	1.00	0.98	0.97	0.95
33000	1.08	1.02	1.00	0.99	0.97
66000	1.09	1.03	1.01	1.00	0.98
그이상	1.11	1.06	1.03	1.02	1.00

출처 : 한국부동산원

이 밖에도 제주도 토지는 오름 주변, 해안가 토지 등 고지와 경사지가 많아 아래의 고저에 따른 비준표도 활용해볼 수 있다.

〈고저 요인을 반영한 토지가격비준표〉

고저	저지	평지	완경사	급경사	고지
저지	1.00	1.05	1.00	0.72	0.70
평지	0.95	1.00	0.95	0.69	0.67
완경사	1.00	1.05	1.00	0.72	0.70
급경사	1.39	1.46	1.39	1.00	0.97
고지	1.43	1.50	1.43	1.03	1.00

출처 : 한국부동산원

위처럼 다양한 방법으로 토지 시세를 파악한다면 원하는 개별 토지뿐만 아니라 인근 토지 시세까지도 입체적으로 유추해볼 수 있을 것이다.

더 나아가 이러한 입체적인 분석은 부동산을 보는 시야는 물론이고 공인중개사, 매도자, 매수자, 인근 주민 등 그 시장 참여자들의 심리도 알 수 있어, 현재 부동산 시장의 분위기와 미래 흐름 예상에 활용할 수도 있다.

제주도 부동산 투자 시
주의해야 할 것들

제주도 해안에 특화경관지구

필자는 주식, 코인 등에 투자하지 않는다. 주식, 코인의 속성을 모르니 매수, 보유, 매도에 대한 기준도 없고 설령 그것을 보유해도 타이밍을 모르니 수익을 보기까지 보유한다는 게 쉽지 않다. 일단 모르는 것은 피하는 게 좋다.

부동산 역시 무조건 싸다고 좋은 것은 아니다. 예를 들어, 제주 해안가 토지의 현황, 특화경관지구 규제 사항 등을 모른 채 섣불리 투자한다면 그만큼 실패할 확률이 높을 것이다. 그렇지만 해당지역, 지구의 제한 사항을 제대로 학습한다면 새로운 기회도 분명 있을 것이다.

"제주 해안가 토지는 건축행위가 쉽지 않죠?"라는 문의를 종종 받는다. 그 이유는 '특화경관지구' 지정에 따른 사항으로 특정 용도지역 및 취락지구 여부에 따라 다르게 적용되어, 그 말은 맞기도 틀리기도 하다. 그 이유를 하나씩 살펴보자.

〈특화경관지구 건축행위〉

출처 : 저자 작성

특화경관지구 지정 목적

경관지구는 '국계법'에 따라 고도지구, 방화지구, 취락지구처럼 용도지구의 하나이며, 각 시·도 조례를 통해 자연경관지구, 시가지경관지구, 특화경관지구 등으로 세분화되어 있다.

'특화경관지구'는 지역 내 주요 수계의 수변 또는 문화적 보존 가치가 큰 건축물 주변의 경관 등 특별한 경관을 보호 또는 유지하거나 형성하기 위해 필요한 지구로, 이전에 '수변경관지구'가 2018년 4월 4일 개정된 '제주특별자치도 도시계획조례'에 따라 특화경관지구로 명칭이 변경되었다.

특화경관지구 지정 위치

현재 제주도의 특화경관지구는 해안가의 수면으로부터 50m 이내 지역으로 제주도 해안가 119곳이 지정되어 있다.

특화경관지구에서 제외되는 지역은 주거지역, 상업지역, 공업지역과 취락지구이며, 이 지역들은 이미 상당 부분 개발된 곳이거나 개발 중인 곳으로, 특화경관지구 지정 목적 달성이 어려운 지역을 말한다. 이를 제외한 특화경관지구로 지정되지 않은 해안가 토지는 국계법과 제주도 도시계획조례에서 정한 용도지역의 상한을 그대로 적용받기에 개발행위가 쉬울 뿐만 아니라, 개발의 효율성도 높다.

제주 해안가 중 개발 효율성이 높은 지역으로는 관광객이 많이 찾는 함덕리와 협재리의 해수욕장 주변의 상업지역, 카페거리가 있는 용담해안도로, 애월해안도로 등 해안가에 접한 주거지역이 이에 해당된다.

〈특화경관지구의 위치〉

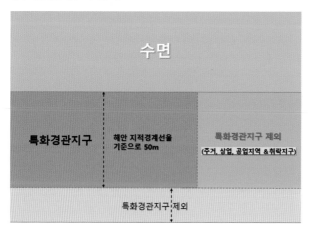

출처 : 제주특별자치도 도시계획 조례

특화경관지구 내 가능한 개발 행위

특화경관지구 내 건축 제한 사항은 '제주특별자치도 도시계획 조례' 43조에서 2층(10m) 이하, 연면적 500㎡ 이하, 지상층 1개 동의 정면부 길이 20m 미만의 건축물 건축이 가능하다고 규정하고 있다.

〈'제주특별자치도 도시계획 조례' 43조〉

제43조(경관지구에서의 건축제한)

① 제주특별법 제406조제9항과 법 제76조제2항에 따라 경관지구에서의 건축제한은 다음과 같다.〈개정 2017.3.29., 2018.4.4.〉
1. 자연경관지구에서 건축할 수 없는 건축물: 별표 27
2. 시가지경관지구에서 건축할 수 없는 건축물: 별표 28
3. **특화경관지구에서 건축할 수 없는 건축물: 별표 28의2**

② 제1항제2호에 불구하고 시가지경관지구가 공업지역에 지정된 경우에는 다음 각 호의 건축물을 건축할 수 있다.
다만, 전면도로에서 2미터 이상 후퇴하여 차폐조경 등 경관을 보호할 수 있는 시설을 설치하여야 한다. 〈신설 2018.4.4.〉
1. 「건축법 시행령」 별표 1 제17호의 공장
2. 「건축법 시행령」 별표 1 제18호의 창고시설
3. 「건축법 시행령」 별표 1 제19호의 위험물 저장 및 처리시설
4. 「건축법 시행령」 별표 1 제20호의 자동차 관련 시설

③ 경관지구에서 건축하는 건축물의 높이는 다음 각 호의 어느 하나와 같다. 〈개정 2018.4.4.〉
1. 자연경관지구와 **특화경관지구: 2층(10미터) 이하**
2. 삭제〈2018.4.4.〉

④ 제3항에도 불구하고 도지사가 경관의 보호에 지장이 없다고 인정하여 경관위원회의 심의를 거친 경우에
건축물의 높이는 130퍼센트 또는 1개층 이내에서 완화하여 적용할 수 있다. 〈개정 2018.4.4.〉

⑤ 자연경관지구와 특화경관지구에서 **건축물의 지상층 1개동의 정면부 길이는 20미터 미만**으로 하며,
연면적은 1,000제곱미터(해안변에 지정된 특화경관지구는 500제곱미터)를 초과할 수 없다.
다만, 주변 여건 등에 따라 경관 유지에 지장이 없거나 토지이용을 높일 필요가 있는 지역으로서
도지사가 도시계획위원회의 심의를 거쳐 지정·공고한 구역에서는 50퍼센트를 더한 규모까지 건축할 수 있다. 〈개정 2018.4.4.〉

⑥ 영 제72조제2항에 따라 도지사는 경관 유지에 필요한 경우에는 규칙으로 건축물의 색채를 제한할 수 있으며,
경관지구에서 건축하는 건축물의 색채는 주변 경관과 조화가 되어야 한다. 〈개정 2018.4.4.〉

⑦ 자연경관지구나 특화경관지구에서 개발행위를 하는 경우에 주거지역에서는 개발면적의 15퍼센트 이상,
녹지지역에서는 개발면적의 30퍼센트 이상에 해당하는 조경을 출입구를 제외한 가로변에 연접되게 설치하여야 한다. 〈개정 2018.4.4.〉

출처 : 제주특별자치도 도시계획 조례 제43조

또한, 특화경관지구에서 건축할 수 없는 건축물은 도시계획조례 [별표 28의
2]를 통해 확인할 수 있다.

〈도시계획 조례 [별표28-2]〉

특화경관지구에서 건축할 수 없는 건축물(제43조제1항제3호 관련)

1. 「건축법시행령」 별표 1 제1호의 단독주택 중 다중주택, 다가구 주택
2. 「건축법시행령」 별표 1 제2호의 공동주택
3. 「건축법시행령」 별표 1 제3호의 제1종 근린생활시설 중 일반목욕장과 세탁소
4. 「건축법시행령」 별표 1 제4호의 제2종 근린생활시설 중 옥외철탑이 있는 골프연습장, 종교집회장, 제조업소, 수리점, 세탁소, 안마시술소 및 단란주점
5. 「건축법시행령」 별표 1 제5호의 문화 및 집회시설
6. 「건축법시행령」 별표 1 제6호의 종교시설(기존의 종교집회장으로서 바닥면적 합계의 100분의 50 범위에서 증축은 제외한다)
7. 「건축법시행령」 별표 1 제7호의 판매시설
8. 「건축법시행령」 별표 1 제8호의 운수시설
9. 「건축법시행령」 별표 1 제9호의 의료시설
10. 「건축법시행령」 별표 1 제10호의 교육연구시설 중 학원과 직업훈련소
11. 「건축법시행령」 별표 1 제11호의 노유자시설
12. 「건축법시행령」 별표 1 제13호의 운동시설 중 옥외철탑이 있는 골프연습장
13. 「건축법시행령」 별표 1 제15호의 숙박시설
14. 「건축법시행령」 별표 1 제16호의 위락시설
15. 「건축법시행령」 별표 1 제17호의 공장
16. 「건축법시행령」 별표 1 제18호의 창고시설(농업. 임업. 축산업. 수산업용 창고는 제외한다)
17. 「건축법시행령」 별표 1 제19호의 위험물 저장 및 처리 시설
18. 「건축법시행령」 별표 1 제20호의 자동차 관련 시설(주차장은 제외한다)
19. 「건축법시행령」 별표 1 제21호의 동물 및 식물 관련 시설 중 축사, 가축시설, 도축장 및 도계장
20. 「건축법시행령」 별표 1 제22호의 자원순환 관련 서설
21. 「건축법시행령」 별표 1 제26호의 묘지 관련 시설
22. 「건축법시행령」 별표 1 제27호의 관광 휴게시설
23. 「건축법시행령」 별표 1 제28호의 장례식장

출처 : 제주특별자치도 도시계획 조례

단순 투자를 제외하면 제주도 해안가 토지 매수를 원하는 분들의 실제 사용 목적은 단독주택, 숙박 시설, 음식점, 카페 건축 등이 대다수다.

그렇다면 특화경관지구에 건축할 수 없는 건축물은 무엇일까? 다가구주택, 공동주택, 숙박 시설, 공장, 관광 휴게 시설 등이다. 반면, 특화경관지구에서 가능한 건축물은 연면적 500㎡ 이하의 면적 제한은 있지만, 일반음식점, 휴게음식점, 단독주택 등의 건축은 가능하다.

여기서 포인트는 특화경관지구 내 숙박 시설 허가는 불가능하지만, 단독주택 건축은 가능하므로, 농어촌민박 허가를 받아 숙소를 운영할 수 있다는 점이다.

또한 '특화경관지구'에서 일반음식점 허가는 가능하지만, 해당 토지의 용도지역이 보전녹지지역 또는 보전관리지역이라면 국계법에 따라 일반음식점 허가는 불가능한 점은 유의해야 한다.

특화경관지구로 지정된 토지는 '주거지역, 상업지역, 공업지역, 취락지구의 토지 대비 가격이 저렴하다. 그리고 '특화경관지구'에 설치 가능한 건축물은 생각보다 다양하다는 것을 살펴보았다. 이를 토대로 우리가 원하는 지역에 건축물 용도와 규모를 먼저 정하고, 특화경관지구 내 건축 가능 행위를 정확히 파악할 수 있다면 보다 효율적이고 유용한 토지를 선택할 수 있을 것이다.

특화경관지구 내 건축이 불가능한 공동주택, 호텔 건축을 위해 해당 토지를 검토하거나, 반대로 특화경관지구 내 토지의 용도를 단독주택 등으로 한정해서 검토하는 오류를 범하지는 말자.

지역주택조합

'원수에게 추천하라', '지역주택조합사업의 성공 확률은 5%'라는 말이 있을 정도로 문제와 위험성을 가지고 있는 주택사업이 지역주택조합사업이다.

2017년 9월, 제주지역에서 최초로 지역주택조합사업을 추진한 '제주시 애월 지역주택조합'은 조합원 모집 신고 후 약 4년 4개월 만인 2022년 1월에 착공을 거쳐 2024년 1월 입주 예정이라고 한다. 약 7년이라는 긴 시간이 소요되었지만, 그럼에도 불구하고 사업이 진행되는 것만으로도 해당 조합원들은 안도하고 있을 것이다.

'내 집 마련'이라는 간절한 마음으로 지역주택조합 조합원으로 가입했지만, 사업은 기한 없이 지체되고, 이자 및 사업비, 원자잿값 인상 등의 요인으로 조합원 추가 분담금 발생, 조합원 탈퇴 불가 등 피해 사례가 크게 늘고 있기 때문이다. 지역주택조합사업의 문제를 먼저 파악하고, 안전한 내 집 마련 방법은 무엇인지 알아보자.

지역주택조합사업 추진 배경

2017년은 제주도 삼화지구에 위치한 부영 아파트, NHF 아파트 공공임대 아파트 입주가 끝나고 노형동, 아라동, 이도지구로의 인구 유입이 계속되면서, 아파트 공급이 그 수요를 따라가지 못했던 시기였다. 그런 흐름 속에 삼화지구 32평형 부영 아파트 가격은 3억 5,000만 원 정도였고, 이에 대해 '아파트 가격에 거품이 심하다'라는 심리도 팽배했다.

이렇듯 아파트 가격이 급등하고 인구와 주택 수요가 늘면서 자연스레 지역주택조합사업도 곳곳에서 진행되었고, 현재는 도내 10개의 지역주택조합사업이 진행되고 있다.

지역주택조합사업은 무엇인가

지역주택조합사업은 동일 지역에 거주하는 주민들이 주택을 마련하기 위해 직접 조합을 설립 후, 사업시행의 주체가 되어 공동으로 토지를 매입하고, 그 조합원들이 스스로 저렴하게 주택을 취득할 수 있는 사업 방식이다.

반면, 지역주택조합사업은 토지 등 소유자만이 재건축·재개발 조합원이 되는 사업과는 달리, 토지의 소유권이 없는 상태에 진행되기 때문에 토지 소유권, 사용권원 확보 여부에 사업 성패가 달려 있어, 사업의 위험성도 비교적 높다.

지역주택조합 조합원 가입 조건

조합원은 주택조합설립인가 신청일로부터 해당 조합주택의 입주 가능일까지 무주택 세대주 및 전용면적 85㎡ 이하의 1주택을 소유한 세대주여야 한다. 또한 조합설립인가 신청일 현재, 당해 지역에 6개월 이상 거주한 자여야 한다.

지역주택조합사업의 추진 절차

지역주택조합사업은 토지사용권과 토지소유권 확보에 따라 사업 진행 여부가 결정되며, 각 추진 단계별 요건은 다음과 같다. 우선 조합원 모집 신고를 위해 토지사용권(토지사용승낙서) 50% 이상을 확보해야 하고, 조합설립인가 신청은 토지사용권 80% 이상과 토지소유권 15% 이상을 동시에 확보해야 하며, 주택건설사업계획 승인을 위해 토지사용권 100% 또는 토지소유권 95% 이상 확보해야 한다.

토지 소유권의 95% 이상을 확보하면, 잔여 5% 토지에 대해서는 매도 청구 절차 개시가 가능하다. 하지만 매도 청구에 따른 잔여 토지주와 소송이 있는 경우, 최소 1년 이상 지체될 수 있다.

〈지역주택조합 절차도〉

실행단계	법규	비고
도시계획심의	도시계획조례 26조	심의 대상인 경우 (19.05.08도 건축지적과 지침하달)
조합원 모집신고	주택법 제11조의 3 (토지사용권 50% 이상 확보)	조합발기인 명단 토지확보현황 건축가는 여부 사전 협의 등
조합설립인가	주택법 제11조 (토지사용권 80% 이상, 토지소유권 15% 이상 확보)	주택건설 예정세대수 50%이상의 조합원 구성하되 조합원은 20명 이상
관련 심의 절차 이행 (환경영향평가, 재해영향평가)	환경영양평가법 제43조 자연재해대책법 제4조	
주택건설사업계획승인 (시공사와 공동사업협약 체결)	주택법 제15조 (사업계획 승인 전 토지 사용권 100%이거나 토지소유권 95% 이상 확보)	조합설립인가일로부터 3년 이내에 신청
관리자 지정 및 착공신고	[감리지정] 건축법 제43조 [착공신고] 건축법 제16조	
일반분양 (잔여세대가 있을 경우)	주택법 제54조	
사용검사	주택법 제49조	
정산 및 조합해산	주택법 시행령 제20조	

출처 : 제주시 주택과

〈제주시 지역주택조합 진행 현황〉

연번	조합명	건설예정지역	호/세대당 주택규모(㎡)	진행상황				
				조합원모집신고	조합설립인가	사업승인	착공	준공검사
1	제주시애월지역 주택조합 (조합장 : 김요황)	애월읍 광령리 2680번지 일원	67㎡ 40세대 73㎡ 24세대 78㎡ 20세대 84㎡ 48세대 88㎡ 20세대 94㎡ 18세대 96㎡ 12세대 99㎡ 18세대	'17.09.26 '20.08.05.(모집변경)	'19.04.23 '20.11.19.(변경설립)		'21.08.03	'22. 1. 4.
2	제주화북지역 주택조합 (조합장 : 김형근)	화북이동 5055번지 일원	63㎡ 184세대	'18.09.20	'18.12.19	'21.11.30.	'22. 12. 12.	
3	제주삼화지역 주택조합 (조합장 : 이진원)	도련일동 1858번지 일원	68㎡ 148세대	'18.12.27	'19.04.17	'21.06.02. '21.10.20.(변경승인)	'21.07.16.	
4	(가칭)아라동지역 주택조합 추진위원회 (위원장 : 양명삼)	아라일동 416-25번지 일원	59㎡ 132세대 79㎡ 88세대	'18.12.27				
5	제주도련지역 주택조합 (조합장 + 하동욱)	도련일동 954-1번지 일원	62㎡ 160세대	'18.03.16	'18.06.29	'18.9.24 '20.08.19(변경승인)	'19.12.20	'22.06.13.
6	(가칭)아라지구 지역주택조합 추진위원회 (위원장 : 양동식)	아라이동 984번지 일원	59㎡ 184세대	'19.03.27	설립인가신청 ('22. 1. 6.)			
7	제주외도지역 주택조합 (조합장 : 최민호)	외도일동 130-2번지 일원	63㎡ 216세대	'19.04.18	'19.08.16	'21.06.25.	'21.12.07.	
8	제주도련일동지역 주택조합 (조합장 : 이옥범)	도련일동 1025-1 번지 일원	63㎡ 120세대	'21.02.16.	'21.11.25.	'22.02.22.	'22.07.11.	
9	도련지역주택조합 (조합장 : 강철호)	도련일동 1751-5 번지 일원	84㎡ 90세대	'21.08.11.	'22. 1. 12.	'22.05.06.	'22.09.15.	

※ 세대 당 주택규모 및 사업계획·일정 등은 조합 내부의 계획에 의해 변동이 있을 수 있으니 해당 사항은 참고만 하시기 바랍니다.
※ 제주도련지역주택조합 해산인가 수리 (2023.5.11)

출처 : 제주시 주택과

　　전국적으로 지역주택조합사업은 20% 내외의 사업장만 착공될 정도로 위험하지만, 제주시는 현재 9개 조합 중 7개의 조합 현장이 착공(준공 1곳 포함)되어 그나마 양호한 편이다.

　　나머지 2곳(아라동 지역, 아라지구 지역 등)은 2018년과 2019년 각각 조합원 모집신고 후, 약 4년이 지난 현재까지도 조합 립을 하지 못하고 있다. 그 주요 원인은 조합설립인가의 요건인 토지사용권 80% 이상과 토지소유권 15% 이상을 확보하지 못한 것으로 추정된다.

지역주택조합사업의 문제점

지역주택조합사업은 사업계획 승인을 받으면, 대부분의 위험요소는 사라지고 비교적 저렴한 분양가에 내 집 마련이 가능하다. 이와 더불어 사업 절차가 간소해 재건축·재개발보다 빠르게 사업이 진행될 수 있다.

그럼에도 불구하고 지역주택조합사업은 다음과 같은 문제가 더 많다.

첫째, 토지사용권 확보가 쉽지 않다.

착공을 위해 토지사용권 100% 또는 95%의 소유권 확보를 해야 하나, 이 시간이 오래 걸릴 수도 있고 불가능할 수도 있다. 시간이 지체되면서 업무추진비, 홍보비로 조합원 가입비가 모두 소진되어 조합설립 자체가 무산되기도 한다.

둘째, 조합장과 업무대행사의 비위가 있을 수 있다.

업무대행사와 조합장이 애초에 공사할 의도도 없이 업무추진비, 대행 수수료와 선전비, 인건비 등을 부풀리거나 횡령을 하는 사례도 많다. 심한 경우에는 토지 매입에 적극적이어야 하는 업무대행사가 오히려 차명으로 토지를 매입해 조합으로 하여금 다시 비싼 가격으로 사들이게 하는 등 배임 행위를 저지르기도 한다.

셋째, 추가 분담금 문제가 발생한다.

조합원 모집 시 '평당 800만 원대', '마지막 3억 원 대' 등과 같은 홍보를 믿고 계약을 하지만, 착공까지 약 2~3년의 시간이 더 지체되면서 토지매입비, 건축비 (추가 공사비 포함) 인상, 이자 비용, 대행사 수수료 등이 최소 수천에서 억 단위까지 분담금이 늘어나기도 한다. 더 큰 문제는 예기치 못한 추가 분담금으로 잔금을 마련하지 못해 입주를 포기하는 사례도 발생한다는 점이다.

넷째, 주택 수에 포함, 중도금 대출과 DSR의 문제다.

어찌 되었든 '착공을 했다'라는 것은 안도할 만한 일이다. 하지만 입주자 모집 공고에 따른 공급계약 체결 시부터 입주권도 주택 수에 포함된다는 점도 유념해야 한다. 즉, 지역주택조합 입주권과 다른 주택이나 분양권을 취득할 경우, 조합원의 지위 유지와 해당 주택 취득에 문제가 있을 수 있다.

또한 중도금 대출은 일종의 개인 신용대출의 성격으로 DSR(총부채원리금상환비율) 대출 규제조건에 포함된다. 착공 후 중도금대출이 실행되면 신규 주택담보대출, 생활자금대출, 신용대출 등을 받기가 쉽지 않다.

다섯째, 조합원 탈퇴, 계약 해지가 어렵다.

가입 계약서, 조합원 정관을 보면 '조합이 허용하지 않으면 탈퇴할 수 없다'와 유사한 규정들이 있어, 사업 진행이 어려워져도 계약 해지가 쉽지 않다. 설령 탈퇴하더라도 위약금, 업무대행비 등을 공제하면 회수할 수 있는 금액도 많지 않다.

지역주택조합사업의 의의와 기회

제주도의 첫 준공 사업장인 '제주 도련지역주택조합' 준공에 이어 나머지 6개의 주택조합 역시 1~2년 내 준공이 예상된다.

그럼에도 불구하고 '저렴하게 내 집 마련이 가능하다'라는 말에 현혹되지 말자. 이 세상에 공짜 점심은 없다. 지역주택조합사업의 근본적인 문제는 기간, 비용, 사업 완료 여부 등 사업 전반에 걸친 '불확실성'이며, 그것이 바로 지역주택조합사업의 가장 취약한 부분이기 때문이다.

그렇다면 지역주택조합사업의 기회는 없는 것일까? 사업의 불확실성을 최소화할 수 있는 '사업계획 승인' 단계와 '입주장 기간'에 있다. 사업계획 승인 단계를 거쳐 착공했다면 대부분의 리스크는 사라지고 대략 1년 6개월 내외의 공사 기간 뒤, 준공을 거치고 입주가 시작된다.

만약 당신이 조합원 자격을 갖추고 있다면 사업계획 승인 이후 입주권 매매와 최초 입주시기인 '입주장' 기간을 노려보길 권한다. 사업계획 승인 단계와 착공 이후에도 입주권 매물은 꾸준하게 시장에 나오고, 입주장에도 세입자 및 잔금을 맞출 수 없는 물량이 반드시 생겨나기 때문이다.

앞서 언급한 제주도 내 약 9개의 지역주택조합사업 각각의 추진현황을 살펴보고, 세부적으로 지역주택조합별 추진 단계, 단계별 의미와 구속력, 사업 기간, 문제점과 장점을 되짚어보자. 지역주택조합사업의 문제점과 위험을 정확히 파악할 수 있다면, 반대로 투자의 기회와 시기도 찾을 수 있을 것이다.

타운하우스

도내 많은 주택 유형 가운데 타운하우스를 선호하거나 찾는 이유는 크게 2가지로 나눌 수 있다.

첫째, 더 이상 제주에서 저렴한 단독주택을 찾기가 쉽지 않다. 제주도 부동산에 대해 문의하는 고객 가운데 아파트 다음으로 많이 찾는 대상이 단독주택이다. 고객이 도외 거주자라면 그 대부분은 바닷가 근처 단독주택이나 구옥, 감귤 과수원이 있는 창고 혹은 단독주택을 찾는다.

최근 제주로 이주하는 사람들의 이주 형태가 조금 바뀌었다. 과거에는 제주 여행을 시작으로 제주에서 한 달, 1년쯤 살아보면서 정착하는 사례가 많았다면, 현재는 시행착오나 실패 없이 제주에 안착하려는 분들이 많아졌다.

과거에는 임대를 통해 시작했다면, 현재는 매매를 선호하며, 거주 목적의 주택과 동시에 수익 가능한 상가주택, 안거리(안채), 밖거리(바깥채)가 있는 단독주택, 창고와 주택이 있는 집을 선호한다. SNS나 뉴스를 통해 제주의 높은 물가와 임대료, 거주비용, 젠트리피케이션(낙후된 지역에 저렴한 임대료가 매력적이라 차츰 번성해지나, 주변이 유명해지고 사람들이 몰리면서 임대료가 급등해 이들이 다시 내몰리는 현상) 문제 등을 학습하면서 매매를 선호하게 된 것이다. 그런 이유로 단독주택 수요가 늘어나자 도심의 주택은 물론이고, 제주 외곽 지역의 단독주택 가격도 올라가기 시작했다.

둘째, 보편적으로 학교, 편의 시설과 떨어진 곳과 외진 곳은 싫어하기 때문이다. 주거지역과 취락지구의 토지, 단독주택들의 가격은 부담스러운 수준이다. 자연스럽게 동지역에서 읍·면지역으로, 그리고 제주 해안가에서 중산간지역으로 눈을 돌리게 된다.

하지만 평생 아파트 생활을 하던 일반인에게 전원생활은 절대 쉽지만은 않다. 새소리와 녹음 가득한 숲세권의 삶이 마냥 좋은 기간은 고작 1~2년에 불과하다. 차츰 마트, 병원, 식당, 문화 시설 등에 대한 갈증이 커지는 만큼 전원생활의 불편함도 쌓여 다시 사람들이 얽혀 사는 주거지역이나 취락지구 마을로 이동하게 된다.

2013년에 제주 이주 문화에 큰 변화가 찾아왔다. 이효리와 이상순처럼 한적한 곳에 거주하는 연예인도 몇몇 있었지만, 이재훈, 이정, 탁재훈 등 대부분의 연예인들은 애월읍 외곽의 한 타운하우스에 한데 모여 살기 시작했다. 이후 일반인들에게도 타운하우스 열풍이 불어 협재, 애월 등 해안가와 중산간지역을 중심으로 빠르게 타운하우스가 들어섰다.

타운하우스는 과연 무엇일까? 타운하우스는 영국에서 시작되었으며 독립 주택과 아파트의 장점을 결합한 주거용 부동산의 한 형태로, 벽면과 지붕, 건물 외부 시설이나 공간 등은 이웃 주민들과 공유하지만, 건물 내부는 통로와 같은 공용 부분 없이 모든 공간을 점유하는 하나의 가구 형태의 저밀도 아파트에서 유래되었다.

도내 대부분의 타운하우스는 이런 용어와는 다소 다르게 벽과 지붕을 공유한 형태가 아닌, 단지 내 분리형 단독주택의 형태를 띠고 있다. 즉, 약 10~20채의 개별 단독주택들이 모여 작은 주택 단지를 형성한다.

타운하우스의 장점은 여러 가구가 모여 살기에 너무 적적하지도 않으면서도 아파트와 달리 단독주택의 프라이빗한 생활도 가능하다는 점이다.

그렇다면 필자가 타운하우스를 '주의해야 할 부동산'이라고 소개하는 이유는 무엇일까? 제주도 내 타운하우스의 문제는 크게 2가지다.

첫째, '건물은 개별 소유인 반면 토지는 공유(토지 지분 소유)한다'라는 것이 가장 큰 문제점이다. 이러한 이유로 타운하우스 1동을 가진 한 소유주가 본인 건물을 증축하거나 개축하려고 할 경우, 단지 내 모든 토지 공유자(타운하우스 소유주)들의 동의를 얻어야 한다. 만약 공유자가 20명이라면 상당한 시간과 노력이 소비될 수도 있고, 최악의 경우 불가능할 수 있다는 말이다.

또한, 금융권 주택 담보대출이 쉽지 않다. 기존, 집단대출을 승인해준 은행(보통 2금융권)을 빼면 대출이 쉽지 않고, 이 역시 토지의 구분소유적 공유관계, 위치확인서, 실측 현황 성과도를 포함한 인증서(공증 서류)가 있어야 가능하다.

반면, 타운하우스 소유주들이 자신들의 건물의 건부지(건물의 부속 토지)를 개별 필지로 소유하고, 그 개별 필지 모두가 공공도로에 접한 곳도 있다. 즉, 이들은 일반적인 단독주택이라고 봐도 무방하다.

둘째, 다음 자료의 사례를 보면 단지 내 도로가 통행로로 쓰일 뿐, 지목상의 도로가 아니라는 점이다. 따라서 공유 토지 소유주의 전원 동의가 없다면 본인 건물도 증·개축을 할 수 없다.

〈한림읍 협재리에 위치한 브리타니 1차 타운하우스〉

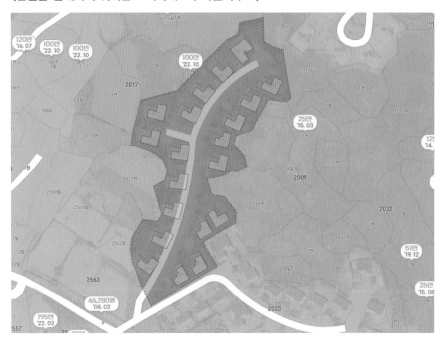

출처 : 디스코

또 다른 사례는 연예인들이 많이 거주하는 곳으로 알려진 제주시 애월읍 안
끄레힐 1차 안의 도로(파란색 표시 부분)를 나타낸 것이다.

〈애월읍 상가리 안끄레힐 1차〉

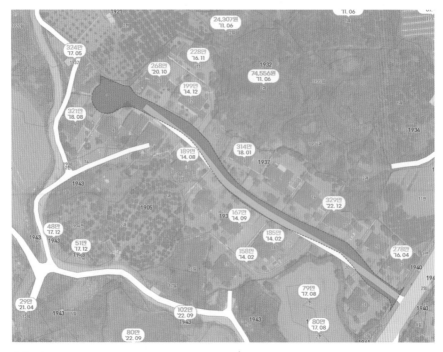

출처 : 디스코

위 자료의 도로 부분은 공공도로는 아니나, 지목상 도로이며 타운하우스 소유주들이 공동으로 소유한 사도(개인도로)다. 이때 증축*시 도로 공유자 전원 동의가 필요한 반면, 도로 공동소유자들의 동의가 없더라도 개축**은 가능하다.

또한, 단지 내 도로로 공유자들의 동의를 받을 수 없으나, 막다른 도로 폭 기준 등에 부합하고 관청 도로지정 심의위원회의 심의를 거쳐 '도로지정고시'를 받을 경우, 국계법과 시·도 조례에 정한 건폐율, 용적률 상한에 맞춰 타운하우스 소유자들의 상호 동의가 없어도 신축·증축이 가능하다.

* 증축 : 기존 건축물이 있는 대지에서 건축물의 건축면적, 연면적, 층수 또는 높이를 늘리는 것을 말한다.

** 개축 : 기존 건축물의 전부 또는 일부를 철거하고, 그 대지 안에 종전과 동일한 규모의 범위 안에서 건축물을 다시 짓는 것을 말한다.

〈제주시 한림읍 협재리 소재의 타운하우스 전경〉

타운하우스, 피할 수 없다면 선택하자

필자는 중개 상담 시 기본적으로 소유자들과 토지를 공유하는 타운하우스의 매수를 추천하지 않는다. 그럼에도 불구하고 타운하우스를 원한다면, 다음 몇 가지 조건을 염두에 두고 선택하도록 안내한다.

첫째, 저렴하게 구입하자. 타운하우스의 위치와 형태 등이 마음에 들어 실거주 목적이라면, 될 수 있는 대로 저렴하게 매수해야 한다. 향후 매도 시 비교적 빠르게 매수할 수 있고, 매매차익을 줄이거나 손해를 피하는 방법이기 때문이다.

둘째, 목조, ALC 블록, 경량 철골보다는 철근콘크리트 구조를 선택하자. 제주는 기온차도 심하고 습도도 높다. 바다에 인접한 주택은 염분에 노출되기 쉬워 건축자재의 부식과 변형이 일어나기 쉽다. 목조와 ALC 블록, 경량 철골의 주택들도 각각의 장점이 있고, 철근콘크리트 구조의 주택 역시 단점도 있지만, 현재까지 제주 기후에 적합한 소재는 철근콘크리트라고 알려져 있다.

셋째, '공유토지분할에 관한 특례법(이하 '공특법')'을 통해 토지 분할이 가능한 타운하우스를 고르자. 국가에서 정한 공특법 기간에 공유자들의 신청이 있을 경우, 단지 내 공유 토지를 각 개별 토지와 도로 부분으로 나눌 수 있다. 이때 2가지 사항이 반드시 충족되어야 하는데, 단지 내 도로 폭과 출입구의 폭 6m 이상 확보, 도로로 변경되는 면적만큼 축소된 개별 토지와 그 위에 위치한 주택 간 건폐율과 용적률 상한에 맞춰져야 한다.

예로 자연녹지지역 내 타운하우스 건축 시 건폐율 상한인 20%에 맞춰 건축한 경우, '공특법'을 통해 분할 시 도로의 면적을 빼면 건폐율이 20%를 초과해 분할이 불가능할 수 있다.

넷째, 향후 취락지구 변경이 예상되는 주거지역, 취락지구 인근의 타운하우스를 선택하자. '공특법'을 통해 분할 가능한 타운하우스가 없다면, 향후, 용도지구 변경 가능성이 있는 곳을 찾을 찾아야 한다. 현재는 자연녹지지역이나 계획관리지역이라도 미래에 취락지구로 추가 지정된다면 공유 토지를 분할하면서도 넉넉하게 건폐율과 용적률 요건을 맞출 수 있을 것이다.

현재 제주시 동지역에 지속해서 인구와 주택이 증가하는 곳은 노형동, 아라동, 이도동, 도련동, 봉개동 등이다. 해당 주거지와 가까운 자연녹지지역, 계획관리지역에 속한 타운하우스라면 향후, 취락지구 지정의 가능성이 비교적 크다고 할 수 있다.

제주 구옥, 돌창고

최근 제주도 구옥이 재조명받고 있다. 물론 과거에도 구옥을 멋스럽게 스테이, 카페로 재탄생시킨 사례가 종종 있었지만, 요즘은 구옥, 양옥, 창고 등 가릴 것 없이 귀한 대접을 받는다. 즉, 매물이 귀하다 보니 어쩌다 이러한 물건들이 부동산 시장에 나오면 숨 돌릴 틈도 없이 계약되는 실정이다.

〈형형색색의 슬레이트 지붕 구조의 제주도 구옥 전경〉

출처 : 저자 작성

상황이 이러다 보니 매수자는 본인들의 이용 목적에 맞게 인허가를 받거나 용도변경 가능 여부 등을 정확히 파악하지 못한 채 계약을 맺기도 한다. 이 때문에 예기치 않은 갈등과 피해 사례도 발생하게 된다.

적지 않은 재산을 보호하기 위해 다음의 몇 가지 주의사항은 사전에 반드시 살펴봐야 한다.

지주와 건축물 소유주의 일치 여부

필자 역시 일을 진행하다 보면 기본적인 사항을 놓치는 경우가 있다. 구옥, 창고 매매계약에 앞서 매도자, 매수자와 함께 매물 현장도 다녀오고, 매매가격, 잔금 시기도 조율하는 등 계약에 필요한 사항들을 확인한다. 하지만 정작 문제는 계약서 작성을 위해 토지대장, 건축물대장, 등기사항전부증명서를 확인하면서 드러난다.

상당한 시간과 노력을 들여 매매 조건 등을 조율했던 매도자가 실제 명의자가 아닌 가족이나 친척인 경우도 있고, 토지주와 건물의 소유주가 일치하지 않는 사례도 있다. 심지어 건축주가 사망한 경우도 있으니 상당한 주의가 필요하다.

구옥이나 창고는 증여나 상속으로 소유권이 이전되는 사례가 많고, 토지를 보다 중요시했던 과거에는 토지(건부지)를 장남 혹은 종손에게 물려주는 게 관례였다. 반면, 실제 건물의 소유권 이전이나 철거 후 개축, 증축 등의 변동 사항이 건축물대장에 반영되지 않아, 과거 소유자 및 건축물의 현황 그대로 건축물대장에 남아 있는 사례도 있다.

<제주시 화북일동 구옥 전경>

출처 : 저자 작성

실질적으로 구옥을 상속받은 상속인은 해당 주택에 거주하는 데 큰 불편함
도 없고, 등기·등록 절차가 번거롭다 보니 내버려두는 경우가 많은데, 그 결과
건축물대장에는 돌아가신 할아버지나 그 윗대의 조상님이 건축물의 소유주로
남아 있고, 토지주만 변경된 경우도 많다.

구옥 매매에 앞서 몇 가지 유형에 따라 주의할 점을 살펴보자. 건축물 명의
이전이 가능한 경우, 매수자는 계약 전에 토지주에게 건축물의 명의를 토지주
와 일치시킨 후 매각해줄 것을 요청하자. 또한, 건축물과 토지를 각각 분리해
계약을 진행하는 경우라면 건축물 계약과 토지 계약은 불가분의 계약으로 '어
느 하나의 계약이 이행되지 못할 경우, 다른 잔여 계약도 해제할 수 있다'라는
특약 등을 넣는 게 좋다.

구옥, 돌창고 매력에 빠져 매수하고 싶은 마음은 굴뚝같더라도 건축물 명의
이전이 불가능한 경우라면, 과감히 해당 계약을 해지할 수 있어야 계약금 등의

손해를 피할 수 있다. 그 외에 특별한 장소가 마음에 들어 신축을 고려하는 경우, 본인이 원하는 건축물의 건축 허가를 득할 수 있는지를 확인한 후 계약을 진행하자. 더불어 기존 건물이 있는 경우, 해당 건물의 멸실과 건축물대장 말소 가능 여부를 확인하고 계약하는 것이 좋다.

건축물의 소유자가 아닌 토지 소유자가 건물을 철거하려면 철거비는 기본이고 과태료를 납부하거나, 노후불량 건축물로 인정받아야만 철거할 수 있기 때문이다.

대장에 등록된 건축물인지, 불법건축물은 없는지, 양성화 가능한지 여부

'무허가 건축물 여부'의 확인은 건축물대장 확인을 통해 가능하다. 아래와 같이 해당 토지 지번으로 발급 요청할 경우, 건축물대장이 발급된다면 우선, 해당

〈정부24 또는 세움터에서 발급, 열람 가능한 건축물 대장 예시〉

출처 : 세움터

대지에 정식으로 허가를 받은 건물이 있다는 의미다.

더불어 '대장상 면적이 실제 면적과 일치하는지'의 여부 확인도 필요하다.

〈'네이버 지도 면적 재기 기능'을 활용한 면적 측정〉

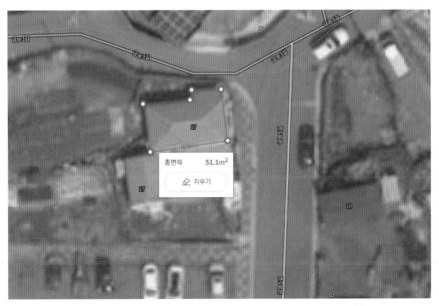

출처 : 네이버 지도

현장 방문 전 네이버 지도를 통해 면적을 확인한 결과, 대장상 면적(26.44㎡)과 건축물의 실제 면적(약 51㎡)이 상당히 차이가 있다는 것을 알 수 있는데, 이런 경우 현장을 방문해 줄자 등으로 정확히 확인하는 것이 좋다.

보다 정확한 것은 건축사 또는 해당 읍·면지역 건설과, 시청 건축과에 문의해 '불법건축물' 여부 확인과 불법건축물인 경우, 해당 부분의 양성화가 가능한지의 여부도 확인해야 한다.

불법건축물의 양성화 방법은 '특별법 적용을 통한 양성화'와 '추인 허가를 통한 양성화' 방법이 있고, 2가지 방법 모두 기본적으로 건축물의 대지경계선을 침범하지 않고 용적률, 건폐율 조건을 충족해야 한다.

양성화가 가능하면 양성화에 필요한 설계 비용, 이행강제금 납부 등의 비용을 확인 후 매도자에게 양성화를 요청하거나, 해당 비용을 매매가격에서 차감하는 등의 협의도 필요하다.

지붕에 석면 슬레이트 존재 여부

1970년대 새마을 운동을 거치며 도내 주택은 초가지붕에서 슬레이트로 대부분 바뀌었다. 그 당시 석면이 1급 발암물질에 해당하는 사실을 아무도 알지 못했다. 지금 생각하면 아찔하지만, 농촌이나 건축 현장에서는 슬레이트에 삼겹살 구워 먹는 모습을 흔하게 볼 수 있을 정도였으니 말이다.

〈1980년대 슬레이트로 교체한 농촌 모습〉

출처 : 〈경향신문〉 DB

2010년대에 들어와서 제주도는 매년 '슬레이트 철거 및 지붕 개량 지원사업'을 통해 슬레이트를 수거하고 있는데, 15평 남짓한 주택의 슬레이트 철거 비용만 약 300~500만 원 정도 소요된다.

현재 창고 또는 주택의 용도를 변경하기 위해서는 반드시 석면 슬레이트를 철거해야 한다. 철거 지원 대상이 아니거나 예산 소진 등의 이유로 지원을 받지 못한다면 슬레이트 철거 비용도 사전에 매도자와 협의할 필요가 있다.

인접지 경계 및 건축물의 상호 침범 여부

우리나라 토지 경계는 일제강점기에 만들어진 측량 기준점에 의해 만들어졌다. 하지만 이후, GPS 방식으로 바뀌면서 새로운 기준점이 만들어졌고 토지의 경계도 다소 변경될 수밖에 없었다. 이 결과 현황 경계와 지적도상의 경계가 일치하지 않거나, 심한 경우 건축물이 인접대지로 침범하는 사례도 많다.

다음 자료는 조천읍 ○○리의 구옥과 창고를 매매한 사례로, 매수자는 매매 후 해당 건물을 스스로 철거했다. 사전 위성지도와 지적편집도 확인, 건축사, 시청 지적과 문의 등을 통해 건축물의 침범 여부를 확인했다면 계약 시 '매도인의 건물 철거 조건'으로 계약을 하거나 매매 대금에서 철거비용을 차감할 수 있었을 것이다.

필자는 이와 유사한 문제를 막기 위해 '매매계약과 잔금일 사이'에 경계측량을 하고, 계약서에는 측량 결과에 대한 특약을 작성한다.

〈대지 내 건축물 2동이 모두 인접대지로 침범해 있음〉

출처 : 네이버 지도

〈구옥 매매 계약 시 특약의 예〉

계약 후, 잔금 시까지 매도자 비용으로 경계측량을 실시하고, 상호 건축물이 인접대지를 침범하는 등 인접대지와의 경계 기준에 부합하지 아니한 경우, 매수자는 계약을 즉시 해제하는 동시에 계약금의 반환 요청을 할 수 있고, 이때 매도자는 반환 요청이 있는 날로부터 3일 내로 계약금을 반환하기로 한다.

진입로와 도로 폭의 건축허가 기준 부합 여부

현재 도내 주택 건축 시 조례에 의해 폭 3m 이상의 도로에 2m 이상 접할 경우, 9세대까지 건축이 가능하다. 문제는 과거 조례 제정 이전의 건축된 구옥과 창고들로 해당 도로 폭이 조례에서 정한 조건보다 미달된 경우도 많다. 그나마 건축물대장에 등록된 건축물은 같은 용도에 한해 개축은 가능하나, 용도변경을 위해서는 현재 조례 기준에 부합하는 도로조건을 갖춰야 한다.

반면, 구옥이나 돌창고가 무허가 건축물이면서, 도로 폭 조건 또한 충족하지 못할 경우라면, 양성화뿐만 아니라 향후 개축, 증축도 불가해 쓸모없는 토지로 전락할 수도 있다.

상수도와 하수관의 연결 여부

대부분 건축물대장에 등록된 구옥은 상수도가 연결되어 있고, 동지역과 읍·면지역, 그리고 하수처리구역과 하수처리 외 구역 여부에 따라 공공 하수관로 연결 또는 개인 하수처리 시설이 설치되어 있다.

제주도는 2010부터 매년 공공 하수관로 설치사업을 해오고 있지만, 도시지역 내 자연녹지지역 등의 설치는 부진한 반면, 대부분의 주거지역과 자연취락지구에는 하수관로가 대부분 설치되어 있다. 그러나 이 말이 '해당 지역 내 모든 건축물에 하수관로가 연결되어 있다'라는 의미가 아님을 유념하자.

공공 하수관로에 의한 하수처리는 보통 지대의 높낮이에 따라 흐르는 자연 구배 방식으로, 다음 자료처럼 맨홀(**공공 하수관로**)보다 낮은 곳에 위치한 구옥과는 연결되어 있지 않다.

〈인접 도로보다 지대가 낮아 공공 하수관로 연결이 불가한 모습〉

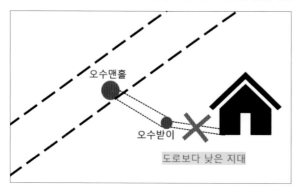

출처 : 저자 작성

실제 읍·면지역의 하수처리 외 구역과 공공 하수관로를 반드시 설치해야 하는 동지역 내 구옥의 경우, 아래 자료처럼 환기구를 종종 볼 수 있는데, 이는 개인 하수처리 시설로 메탄가스를 배출하기 위한 것이다.

〈개인 하수처리 시설의 맨홀과 메탄가스 배출용 환기구〉

출처 : 저자 작성

이처럼 건축물에 있어 하수관로나 하수처리 시설은 매우 중요한 부분이다. 제주시나 서귀포시 동지역 안에 구옥이나 창고를 매입한 뒤, 용도변경과 리모델링을 거쳐 카페나 식당을 운영할 계획이었으나, 하수관로 연결이 불가하다는 것을 이후에 확인해 건물을 철거하거나, 되팔아야 하는 상황이 생길 수 있다.

그러므로 현장의 맨홀과 하수받이 설치 상황을 꼼꼼히 체크하고, 하수관로가 설치된 지역이라고 판단되더라도 건축물대장의 하수처리 방식을 재차 확인하고, 이를 다시 해당 관청 하수도 관리팀에 문의해, 자신의 사용 목적에 맞게 하수를 처리할 수 있는지를 반드시 확인하자.

주거용 토지와 방향

먼저 주거용 토지와 방향은 주거 용도에 한정한 필자의 의견임을 밝혀둔다. 상업용 토지와 건축물의 경우, 사람이 머물기 좋은 방향보다는 상업용 건물 활용의 극대화를 위해 토지를 이용하고 건축물을 건축할 수밖에 없다. 이는 임대수익률과 직접적인 관련이 있고, 추후 건물 가치에 해당 수익률이 다시 영향을 주기 때문이다.

반면 주거용 건축물의 주된 방향은 대다수가 남향을 선호한다. 남향 주택은 다른 방향의 주택과 비교해 하루 종일 햇볕이 적당하게 들며 겨울에는 따뜻하고, 여름에는 시원하기 때문이다.

그래서 제주도는 지역별로 다소 차이는 있지만 대부분의 토지는 한라산 또는 바다가 보이는 조망권을 가지게 된다. 한라산을 기준으로 제주시에 속한 지역은 한라산을 바라보는 방향이 대부분 남향이고, 서귀포시에 속한 지역에서는 바다가 조망된다면 남향이 된다.

〈대부분의 토지에서 남향으로는 한라산이 조망되는 제주시 지역〉

출처 : 저자 작성

하지만 조망권은 같은 토지라 할지라도 도로를 두고 각각 남쪽, 북쪽 중 어느 곳에 위치한 토지인지의 여부에 따라 그 토지의 활용도뿐만 아니라 주택의 가치에도 영향을 끼치므로, 주거용 건축물에는 도로를 두고 좌우 어떤 토지가 더 적합한지 살펴볼 필요가 있다.

결론적으로, 남향의 주택을 건축할 경우, 도로 북쪽에 위치한 토지가 좋다. 도로를 두고 북쪽에 위치한 A토지, 남쪽에 위치한 B토지가 각각 있다고 가정하자. 두 토지가 있는 곳의 입지가 같다면, 두 토지의 일반적인 가치도 비슷할까?

도로 외의 다른 요인들을 배제하면, 일반적으로 도로를 두고 북쪽에 위치한 A토지의 가치가 더 높다고 볼 수 있다. 이유는 주거용 토지에 건축 시 대부분은 남향을 고려해 건축하기 때문이다.

좀 더 구체적으로는 아래 자료처럼 A토지 내 건축 시 해당 토지 내 공간과 그 앞의 도로폭을 활용해 북쪽 깊숙이 주택을 건축하고, 그 앞 부분에 마당과 주차장 등의 용도로 활용할 수 있다. 이때 자료처럼 B토지와 비교해 프라이버시 및 조망권 확보가 용이하다.

반면, B토지 내 건축 시 남향 주택을 짓기 위해서는 도로가 위치한 북쪽으로 건물을 최대한 붙여서 건축하게 된다. 이유는 남측의 토지와 최대한 떨어져야 프라이버시 문제뿐만 아니라 마당 등의 공간의 활용성도 좋아지기 때문이다.

〈동서 방향의 도로를 기준으로 남쪽과 북쪽의 토지 사용의 예〉

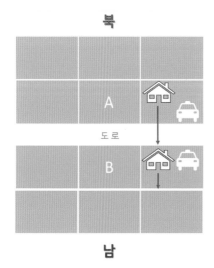

출처 : 저자 작성

이때, 자료의 짧은 화살표만큼 주택과 인접 토지와 가까워져 상대적으로 프라이버시와 조망권 확보가 어렵고, 도로와 가까워 차량 소음 등에 더 노출되는 단점도 있다.

만약, 도로가 동서 방향이 아니라 남북 방향이면 어떨까? 동향의 주택을 건축할 경우에는, 도로 서쪽에 위치한 토지가 좋다.

다음의 자료처럼 도로가 남북으로 뻗어 있어 인접 토지와의 거리, 토지 모양에 따라 주택의 남향 건축이 불가할 경우가 있다. 이때 역시 앞서 언급한 남북 방향과 동일한 논리로 생각하자.

일반적으로 남향 – 동향 – 서향 – 북향의 순서대로 주거용 건축물에 대한 방향을 선호하는데, 동향의 주택을 건축한다고 가정하면 아래 자료처럼 A토지가 B토지에 비해 주택지로서 가치가 높다고 할 수 있다.

〈남북 방향의 도로를 기준으로 동쪽과 서쪽의 토지 사용의 예〉

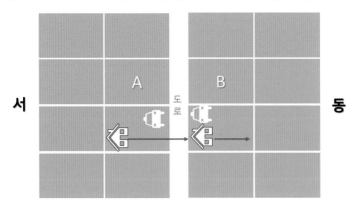

출처 : 저자 작성

요약하면, 주거용 토지 매매 시 주의할 점은 도로에 접한 위치 및 방향에 따라 각각 토지의 가치가 달라질 수 있다는 점이다.

이제 여러분도 제주도 주거지역이나 취락지구에 위치한 도로 양측의 주택과 그 대지의 활용 형태가 다름을 실제로 확인할 수 있을 것이다. 실제 주택들을 보며 토지 방향에 따른 그 주택과 대지의 사용 현황과 장단점을 파악할 수 있다면, 건물이 없는 나대지를 보더라도 그 토지를 직접 평가할 수 있을 것이다.

제주도 부동산 투자 시
피해야 할 것들

항공 소음

부동산 투자를 하다 보면, 부동산에 영향을 주는 여러 환경 요인을 확인할 수 있다. 긍정적인 요인들도 있지만, 우리는 투자의 관점에서 부정적인 요인들을 더 꼼꼼히 살피고 부동산의 옥석을 가려낼 수 있어야 한다.

부동산 투자에 영향을 주는 요인 중 특히 항공 소음은 비행기 운항 횟수가 많지 않았던 과거와는 달리, 현재는 운항 횟수와 그 시간대가 넓어지면서 부동산 가치에 부정적인 영향을 주는 대표적 요인이 되고 있다.

부동산 거래 시 항공 소음 여부 확인은 실제 임장을 통해 현장에서 파악하는 것이 무엇보다 중요하다. 하지만 짧은 시간에 부동산 매수 결정을 내려야 한다면, 정확한 소음 정도를 확인하지 못한 채 계약해버리는 큰 실수를 범할 수도 있다.

특히, 다음 자료처럼 바람 방향에 따라 비행기 이착륙의 방향도 결정되고 비행기 선회 반경, 이착륙 시의 고도차 등이 생기면서 같은 위치에서도 소음 정도가 달라진다.

〈바람에 따른 항공기 이착륙 방향〉

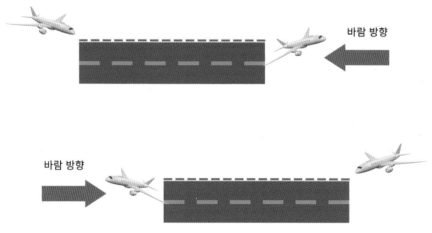

출처 : 저자 작성

더욱 정확한 항공 소음지역과 소음의 정도 등은 어떻게 확인할 수 있을까? 우선, 한국공항공사에서 제공하는 '공항소음포털' 사이트를 통해 소음지도와 각 소음 정도에 따른 구역을 구분한 소음 등고선으로 가능하다.

공항소음포털 사이트에서는 소음 정도를 소음 등고선으로 표시하고 있는데, 실제 파란색 등고선 안에 위치한 곳에 나가보면 생각보다 소음이 심하다. 공항소음포털에서 제공하는 소음 등고선은 거리 측정이 불가하고, 지적도가 구현되지 않아 특정 필지의 소음구역 포함 여부 확인이 쉽지 않다.

〈소음 등고선〉

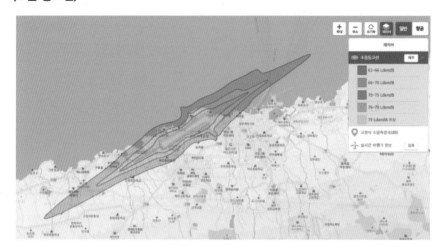

출처 : 공항소음포털

〈공항소음포털 사이트 화면〉

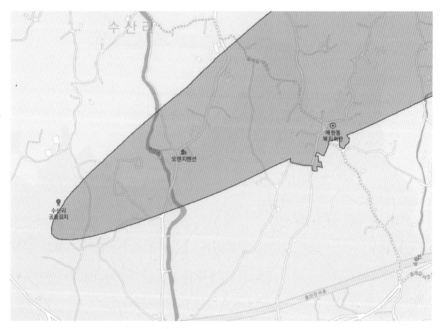

출처 : 공항소음포털

반면, 특정 지번의 항공 소음구역 포함 여부는 '제주특별자치도 공간포털' 사이트에서 확인할 수 있다. 소음지역을 정확히 파악해야 비로소 자신의 투자 목적에 맞는 토지를 찾을 수 있다.

예를 들어, 공항 근접한 지역은 렌터카 부지로, 그 외 소음지역은 물류창고, 혹은 근린생활 시설 등의 용도로 고려해 투자할 수 있기 때문이다.

〈제주특별자치도 공간포털 사이트 화면〉

출처 : 제주특별자치도 지리정보포털

공항소음포털 사이트에서는 소음 정도에 따라 다음 표와 같이 소음구역을 구분하고 있다.

〈구역별 소음 영향도 기준〉

구역		소음영향도 (LdendB(A))
제1종구역		79 이상
제2종구역		75이상~79미만
제3종구역	'가'지구	70이상~75미만
	'나'지구	66이상~70미만
	'다'지구	61이상~66미만
인근지역		57이상~61미만

출처 : 공항소음포털

제1~2종 구역(75dB 이상)에 해당할 경우, 토지 매수신청, 손실보상이 가능하고, 제1~3종 구역은 공통으로 다음의 소음대책사업을 실시하고 있다.

소음대책사업 내역

• 주택 방음냉방 시설 설치
• 학교 방음냉방 시설 설치
• 공영방송 수신료 지원
• 전기요금(학교, 주민, 노유자 시설)
• 주민지원사업 실시

그렇다면 서귀포시 성산읍 일대에 들어설 제주 제2공항 예정지의 소음구역은 어떻게 예상할 수 있을까?

〈제주 제2공항 예정지 위치〉

출처 : 지도제작업체 AOD

먼저 다음 자료를 통해 현재 제주공항의 소음구역을 살펴보자. 활주로에서 직선거리로 9km, 좌우 약 3km까지(최대 기준) 3구역에 포함됨을 알 수 있다.

〈제주공항의 소음구역〉

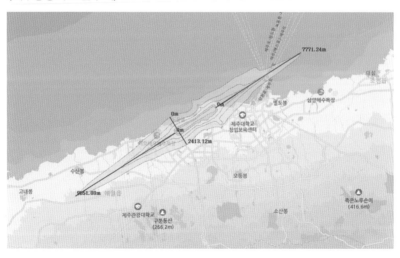

출처 : 제주특별자치도 공간포털

이를 참고해 서귀포시 성산읍 일대 제주 제2공항 후보지에 가상의 소음구역(zone)을 그려볼 수 있다. 제주 제2공항 남측 온평리 해안 일대는 소음구역에 대부분 포함된다고 예측할 수 있고, 관건은 공항 북쪽지역이다.

〈제주 제2공항 항공 소음구역 예상〉

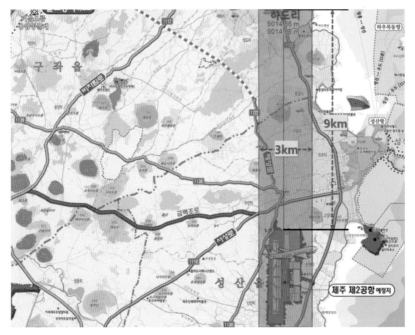

출처 : 지도제작업체 AOD

우선, 제주 제2공항 예정지 북측 활주로 끝 위치인 성산읍 수산리 96○번지와 남측 활주로 끝 위치인 성산읍 난산리 1○번지를 잇는 가상의 선을 긋고, 각각의 끝 지점에서 북측, 남측으로 약 9km를 연장하고 그 선을 중앙으로 하는 좌우 3km 범위 내 가상 소음지역을 추정해볼 수 있다.

북측으로 수산초등학교와 두산봉부터 멀리 구좌읍 하도리 주거지역 혹은 그

전 지역까지 소음구역에 포함될 것으로 예상된다. 보다 정확한 내용은 기본계획과 실시계획이 고시되면 확인할 수 있을 것이다.

끝으로, 제주 제2공항 소음구역은 현재 공식적으로 확정된 사항은 아니며, 제주공항의 소음구역을 참고해 필자 개인이 예측한 가상의 구역임을 밝혀둔다.

축산 악취

제주도 부동산 투자 시 주의할 점으로 절대 빼놓을 수 없는 것이 바로 악취 문제다. 도내 악취 문제의 원인은 쓰레기 매립장, 농수산물 도매 시장, 도축장, 축산업 농가 등 다양하지만, 그 가운데 가장 큰 원인은 축산업 농가에서 발생하는 악취다.

2010년 제주살이 열풍으로 소와 말이 뛰어노는 중산간 마을 외곽에서 단독주택, 타운하우스, 펜션 등의 건축이 활발하게 일어났다. 지금도 중산간 지역은 마을과 조금 떨어져 한적한 느낌을 주며, 무엇보다 토지 가격이 저렴해 이주민들이 접근하기 쉽기에 관심이 많다.

문제는 축사 주변에 주택 건축이 증가함에 따라 악취 민원도 증가했는데, 다음 표를 살펴보면, 2016년 666건에 불과하던 악취 민원이 2021년에는 1,886건으로 3배가량 늘어났음을 알 수 있다.

월별 악취 민원표를 보면 겨울철에는 민원 횟수가 적지만 따뜻한 계절에는

〈제주특별자치도 환경백서 2020~2021〉

□ 월별 악취 민원

구분	계	1월	2월	3월	4월	5월	6월	7월	8월	9월	10월	11월	12월
2016년	666	23	19	38	54	68	54	72	127	74	66	37	34
2017년	722	16	22	38	33	60	63	81	126	93	57	79	54
2018년	1,500	41	44	84	127	98	141	302	188	164	159	98	54
2019년	1,923	37	65	83	101	199	232	240	363	162	190	160	91
2020년	1,535	48	47	60	107	96	157	156	254	161	201	154	94
2021년	1,886	77	87	151	122	168	226	225	212	188	282	99	49

출처 : 공공데이터포털

민원 횟수가 많아지고, 특히 여름철에는 월등히 높다.

악취 발생 민원이 따뜻한 계절에 편중되는 이유는 겨울철 축산농가의 보온 유지를 위해 환기를 안 하다 보니, 뜻하지 않게 주변에서 악취를 잘 못 느끼는 것이다. 해당 축산 농가들이 위치한 주변 토지를 임장한다면 반드시 '제주악취관리센터'의 '악취관리지역 대상 농가 현황'을 확인하기를 바란다.

'악취관리지역 대상 농가 현황'을 참고하면 애월읍 고성리, 한림읍 상명리, 금악리, 명월리, 대정읍 일과리, 동일리에 집중적으로 축산농가들이 모여 있음을 알 수 있다.

제주악취관리센터는 그 외에 산발적으로 있는 마을의 위치까지 친절하게 표시해두었으니 참고하자.

〈악취관리지역 대상 농가 현황〉

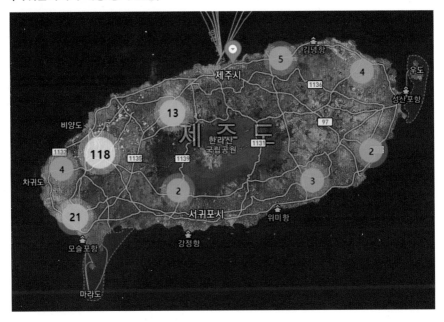

출처 : 제주악취관리센터

〈악취관리지역 지정 현황〉

출처 : 제주악취관리센터

보통 악취는 겨울철보다 여름철에, 맑은 날보다 흐린 날에 좀 더 심하게 느껴지고, 악취를 느낄 수 있는 위치의 반경도 2~3km 지점까지 넓어질 수 있으므로, 이 때문에 악취관리지역 마을 토지를 임장 시에는 도착 2~3km 전부터 차창을 열어 악취 발생 정도를 체크하는 것이 좋다.

〈양돈·양계장임을 유추할 수 있는 사료 사일로 위성사진〉

출처 : 네이버 지도

악취의 심각한 정도는 사육 규모나 밀폐 정도에 따라 다를 수 있지만, 일반적으로 '돈사 〉 계사 〉 우사 〉 마사' 순이다.

위성 사진상 흰색 동그라미처럼 사료 사일로가 곳곳에 있다면 계사, 돈사일 확률이 높다고 볼 수 있어, 반드시 현장 확인을 해야 한다. 하지만 돈사와 계사는 일반인의 출입을 삼엄하게 통제하기에 실제 확인이 어려울 수 있다. 이때에는 주변 주민 등 탐문을 통해 해당 축사의 여부를 반드시 살펴보자.

〈양돈·양계장임을 유추할 수 있는 사일로(사료통) 로드뷰〉

출처 : 네이버 지도

그렇다면 해당 지역의 토지는 미래가 어떨까? 실제 축산농가는 대형화되는 반면, 영세 농가들의 폐업 사례도 늘고 있어, 마을에 오랫동안 거주한 주민 또는 이장님을 만나서 농가 현황을 물어볼 필요도 있다.

악취 민원이 증가하는 만큼 농가들의 악취 저감 능력과 행정 당국의 모니터링, 저감 지원 정책도 확대되어 미래의 축산농가는 친환경적인 형태로 바뀔 수밖에 없다.

이러한 축사 인근 토지는 어떤 기회가 있을까? 우리는 도로 사정이 양호하고 저렴한 토지라면 임대용 창고, 공장, 야적장 용도를 고려할 수 있을 것이고, 농로를 접한 토지라면 감귤, 특용작물, 열대과일 재배용 비닐하우스, 스마트팜, 퇴비사 용도 등을 고려할 수 있을 것이다.

군사 시설

제주도 부동산 투자에 있어 군사 시설 주변 역시 피해야 할 곳이다. 소음구역과 악취관리구역은 혐오 시설로 인식되는데, 군사 시설 주변은 왜 피해야 할까?

군대 특성상 매일 발생되는 소음과 먼지뿐만 아니라 군부대가 주는 위화감역시 부정적인 요인이다. 그렇다면 제주도 내에 군사보호구역은 어디에 있을까? 필자는 대학교 ROTC 과정 대부분의 군사교육을 도내 훈련장에서 받았음에도 불구하고, 해당 군사 시설이 어디에 있는지 정확히 알 수 없었다.

〈제주시 연동 일대 항공뷰〉

출처 : 네이버 지도

제주시 남조순오름(남짓은오름) 북쪽과 동쪽 사이로 군사 시설이 3곳이 있는데, 국내 주요 포털 사이트인 네이버 지도는 군사 시설을 주변 녹지처럼 구현해

놓아 항공뷰로 군부대 확인이 불가하며, 로드뷰 역시 군사 시설을 모자이크 처리해놓았다.

〈제주시 연동 군사 시설 인근 로드뷰〉

출처 : 네이버 지도

반면, 동일한 지역의 항공뷰를 구글 지도로 확인할 경우, 특정 군사 시설명이 고스란히 노출되어, 실제 군사 시설이 있음을 확인할 수 있다. 또한 다음 사진처럼 스트리트뷰(로드뷰) 역시 모자이크 없는 실제 모습을 확인할 수 있다.

군사 시설 외에도 국가 중요 시설로 공항, 발전소, 급유 시설, 가스충전 시설 등도 네이버, 카카오지도 등 국내 포털 사이트에서는 확인이 어려운 반면, 구글 지도를 통해 확인이 가능하다.

〈제주시 연동 일대 항공뷰〉

출처 : 구글 지도

〈제주시 연동 군사 시설 인근 스트리트뷰〉

출처 : 구글 지도

〈제주시 일도2동 인근 가스충전 시설 항공뷰〉

출처 : 네이버 지도

〈제주시 일도2동 인근 가스충전 시설 항공뷰〉

출처 : 구글 지도

앞의 자료는 제주시 일도2동 인근 가스충전 시설 항공뷰다. 아파트가 밀집된 지역인 일도지구 한복판에 LPG가스 충전 및 저장 시설이 있는데, 현재 해당 시설은 부동산 시세에 큰 영향을 미치지는 않지만, 폭발 등의 위험성이 있기에 일반적으로 '비선호 시설'로 여겨진다.

우리는 앞에서 말한 소음지역, 악취지역, 군사 시설 및 비선호 시설 등이 있는지도 자세히 반드시 살펴봐야 할 것이다.

제주도의 주요 군사 시설은 제주시 연동, 서귀포시 강정동, 토평동, 대정읍 지역에 있고, 소규모 사격훈련장, 포병부대, 항공 관련 부대 등도 제주도 곳곳에 있다. 문제는 군사 시설은 한번 설치되면 이전할 확률이 극히 낮다는 점과 제주처럼 자연환경 보존이 중요한 사회문제로 인식되는 경우, 더욱 그런 경향이 높다는 것이다. 또한 군사 시설 주변의 부동산은 특별한 요인 없이는 부동산의 가치 상승을 기대하기 어렵다.

끝으로, 군사 시설 주변 부동산 투자의 기회는 무엇일까? 우선, 현재 군사 시설 주변에 토지들이 어떻게 활용되고 있는지를 살펴보면, 그 활용도를 가늠해 볼 수 있다.

대부분의 군사 시설이 위치한 곳은 차량과 도보 이동이 수월한 곳으로, 도로 사정이 양호해 주거 용도가 아닌 냉동창고, 물류센터, 식물공장 등의 용도를 검토해볼 수 있다. 쓸모없는 부동산은 없다. 각각의 부동산에 맞게 활용 방안을 찾는 것 또한 부동산 투자의 묘미가 아닐까?

부동산 투자에 앞서 현장 임장을 통해 주의해야 할 시설 유무를 확인함은 물론, 더 나아가 주민, 읍·면·동사무소, 시청 등에 문의해 해당 시설로 인한 장단점을 확인하는 습관을 기르자. 그렇게 안목을 넓히다 보면 예상치 못한 곳에서 남들이 인식하지 못한 매혹적인 부동산과 투자 기회가 기다리고 있을 것이다.

소액 투자 방법

법원 경매

최근 부동산 경기가 침체되면서 경매 시장으로 눈을 돌리는 분들이 많아졌다. 부동산 경매를 통해 '시세보다 저렴하게 부동산을 취득할 수 있다'라는 기대감에 많은 분들이 경매에 관심을 갖고 있다.

시중에 아파트, 빌라 경매, 소액 경매 등을 다룬 책들은 많으니, 이 책에서는 필자가 생각하는 경매의 장점과 소액 투자 방법을 공유하고자 한다.

부동산 경매의 장점은 무엇일까?

첫째, 법원 경매는 소액 투자가 가능해 3,000만 원, 5,000만 원 정도의 '비교적 적은 돈으로도 투자가 가능하다'라는 점이 최대 장점이다. 입지 분석, 권리 분석만 잘할 수 있다면 저렴하게 빌라를 낙찰받아 임대를 놓거나, 매매차익의 수익을 볼 수 있다.

안정적으로 원리금 상환이 가능하다면 은행 레버리지를 좀 더 활용해 재건축 아파트 인근 빌라와 소규모 재건축 대상 아파트에 입찰해볼 수도 있다. 주변에 재건축이 진행되었거나 진행 중인 제주시 연동, 노형동 이도동, 도남동 등 입지 좋은 곳을 주목해보자. 시세가 1~2억 원대로, 대출을 활용해 소액 투자도 가능한 곳을 찾을 수 있을 것이다. 그뿐만 아니라 지분 경매의 경우, 수백만 원으로도 경매 참여가 가능해 재개발 예정지역 등에 투자를 고려해볼 수도 있다.

둘째, 시세보다 저렴한 가격에 부동산 매입이 가능하다. 일반적으로 법원 경매나 공매를 통해 낙찰을 받을 경우, 경우에 따라 시세 대비 약 10~50% 이상 저렴하게 부동산을 매입할 수 있는 장점이 있다.

하지만 유념해야 할 점도 있다. 저렴한 가격에 낙찰받기 위해 감정가보다 무조건 낮게 낙찰받으면 될까? 저렴한 가격, 합리적인 가격에 낙찰을 받고자 한다면 우선 해당 물건의 감정 시기, 입찰 시기, 부동산 경기의 전체 흐름을 동시에 체크할 줄 알아야 한다.

법원 경매 절차의 특성상 경매개시결정 이후 감정평가와 입찰까지는 최소 6개월에서 최대 1~3년까지 시간차가 발생한다.

〈부동산 경기 변동에 따른 시세 차이〉

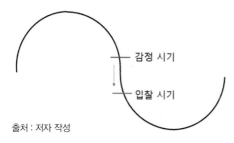

출처 : 저자 작성

부동산 경기 변동 측면에서 2021년, 2022년 상반기에는 부동산 상승 시기로 2022년 하반기, 2023년 부동산 하락 시기에 비교해 감정가격과 시세의 차이가 발생하게 되었다.

〈A아파트 경매 진행 현황〉

구분	감정시기	1차 입찰	2차 입찰
	2022년 3월	2022년 12월	2023년 2월
감정가격	3억 원	×	×
시세	3억 원	2.7억 원	2.4억 원
입찰가격	×	유찰	2.4억 원(낙찰)

※ 2022~2023년은 부동산 하락기라고 가정

출처 : 저자 작성

A아파트 경매 진행 현황을 살펴보면, 1회 유찰된 아파트를 감정가격 대비 80% 수준인 2.4억 원에 낙찰받더라도 부동산 시세가 2.4억 원으로 떨어졌다면 경매의 이점이 전혀 없고, 시세 파악을 못 했을 경우, 시세보다 더 높은 가격에 낙찰받을 수도 있다. 감정평가 시점과 입찰 시점이 다르기 때문에 입찰 시 반드시 해당 물건의 시세를 실거래가 조회, 중개사 문의, 은행 탁상감정 등의 방법으로 꼼꼼하게 체크할 필요가 있다. 반대로 부동산 상승기에는 감정가격보다 입찰 시점의 시세가 높아지기 때문에 유찰 없이 신건에 낙찰될 경우가 상대적으로 많아진다.

셋째, 경매는 부동산 공부의 지름길이다. '백문불여일견(百聞不如一見), 백견불여일행(百見不如一行)', 즉 부동산 학습에 있어 물건에 대해 백번 듣는 것보다 한 번 직접 임장을 가 보는 것이 좋고, 백번 보는 것보다는 한 번 투자하는 것이 부동산 학습에 있어 더 효과적이다.

경매는 앞서 언급한 대로 소액으로 투자가 가능해 비교적 쉽게 부동산 취득 및 매도를 경험할 수 있게 해준다. 한 번의 부동산 경험은 '스노우볼(snowball)' 효과처럼 그 경험과 지식이 눈덩이처럼 불어난다. 빌라를 처음 낙찰받은 사람은 아파트, 상가, 토지 등에도 관심을 가지게 되고, 명도와 강제집행을 경험한 사람은 유치권, 대지권 미등기, 선순위전세권 등이 있는 물건을 학습하고 입찰에 도전할 수 있다.

필자 역시 약 15년 전부터 유료 경매 사이트에 가입해 정기적으로 물건들을 살펴보고 있으며, 투자 목적이 아니더라도 경매 물건의 증감, 낙찰가율 등을 통해 부동산 시장의 흐름을 파악하는 용도로 활용하고 있다.

넷째, 경매를 통한 부동산 취득 시 대출 조건이 유리하다. 경락 자금 대출은 법원 경매로 낙찰받은 부동산의 잔금 지불을 위해 해당 물건을 담보로 대출을 실행함을 의미한다. 이때 경매 물건의 소유권이전과 동시에 은행에서는 대출을 실행해 근저당을 설정하게 된다. 일반 대출과 달리 경락자금대출을 전문적으로 취급하는 은행을 통해 좀 더 완화된 조건으로 대출받을 수 있다.

반면, 주택 담보대출과 동일하게 LTV(Loan to Value : 담보인정비율) 적용 한도가 1~2금융권에 따라 70~80%까지, DSR(Debt to Income : 총부채상환비율) 한도 역시 약 40~50%를 적용하는 점은 유념하자.

보통 아파트와 주택은 KB시세의 70%와 낙찰가격의 80% 중에 낮은 금액을 기준으로 LTV, DTI 한도를 추가 적용한다. 더불어 유치권, 선순위 전세권, 임차권, 지분경매 등 특수물건에 대한 대출 가능 여부는 은행마다 다를 수 있으니,

입찰전에 대출 가능 여부도 확인하자.

다섯째, 경매 시 부동산 매매사업자로 낙찰받은 부동산을 매각할 경우, 양도세를 줄일 수 있다.

부동산 매매사업자 등록을 할 경우, 다음과 같은 장점이 있다.

① 양도소득세가 아닌 매매사업자의 종합소득세 세율(6~45%)을 적용한다. 만약 개인이 낙찰받은 주택을 1년 미만 보유해, 단기 매도 시 중과된 세율을 적용해 70%의 양도세를 납부해야 하지만, 매매사업자의 경우 소득세 납부 의무만 있을 뿐이다.
② 매매사업용 주택은 재고자산으로 주택수에 제외되어, 자신이 소유하는 1주택에 대해서는 일정 요건을 갖출 경우, 양도세 비과세 대상으로 인정받을 수 있다.
③ 매매사업자는 사업자이기 때문에 부동산에 투입하는 자본적 지출 외에도 이자비용, 인건비 등 사업자 운영에 소요된 비용을 경비로 공제할 수 있다.

단, 전용면적이 85㎡를 초과하는 주택 매매 시 건물분에 대한 부가가치세 납부 의무가 발생한다는 점은 유의해야 한다.

맹지 투자

소액 투자가 가능한 부동산으로 '맹지'가 있다. '맹지'는 지적도상 도로와 조금이라도 접하지 않은 토지를 말한다. '건축법'에 따르면 지적상, 현황상 도로에 2m 이상 접하지 않은 토지는 건축 등의 개발행위가 어렵다. 그런 맥락에서 맹지는 인근의 도로를 접한 토지 대비 약 10~30% 시세 수준에 그친다.

시중에 많은 부동산 관련 책이나 전문가들은 토지 투자 시 유의할 점으로 맹지를 피하라고 한다. 이 점은 필자가 맹지 투자를 하는 이유 중 하나라고 볼 수 있는데, 만약 맹지에 도로를 개설할 수 있다면 단기간에 200~300%의 고수익을 기대할 수 있기 때문이다.

먼저, 기존에 전문가들이 맹지 투자 방법이라고 소개하는 다음 몇 가지 방법을 필자는 추천하지 않는다. 해당 토지를 찾을 확률도 낮을 뿐만 아니라, 찾는다고 해도 맹지 탈출 가능성에 대한 기대치가 이미 시세에 반영되어 투자 수익을 기대하기 어렵기 때문이다.

'도시계획도로'에 접한 토지

'도시계획도로'는 '도시계획 시설 결정 – 실시계획인가 – 보상 – 사업시행'의 절차를 거치게 되는데, 도시계획도로에 접한 토지들의 시세 또한 그 단계마다 상승하는 것이 일반적이다.

통상 도시계획도로는 수년 혹은 수십 년 동안 사업이 진행된다는 사실에 비추어볼 때 도시계획도로에 접한 토지를 가진 토지주는 해당 토지가 '도시계획도로'에 접한다는 사실을 모를 수 있을까?

〈도시계획도로에 접한 토지 사례〉

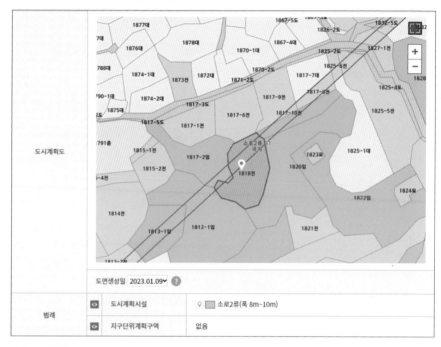

출처 : 토지이음

지적도상 도로가 존재하나 현황 폐도에 접한 토지

지적도상 도로가 존재한다는 것은 엄밀히 말하면 맹지가 아니다. 이 또한 토지주가 이미 알고 있다고 봐야 한다. 이 경우 개인이 도로 개설비용을 부담하고 도로를 만들면 해당 토지는 개발이 가능해진다.

도로로 연결되는 구거에 접한 토지

'구거'는 하천보다 규모가 작은 4~5m 폭의 개울을 뜻한다. 만약 맹지가 구거에 접한다면, 맹지가 아닐 수 있다. 해당 맹지와 도로까지 구거 위에 다리 또는 교량을 놓거나 암거, 관거를 이용해 복개 공사를 하고 구거 점용 신청을 한다면 맹지 탈출이 가능하다.

참고로 '구거'는 누구나 토지이용계획확인원 등에서 '구'로 표기된 것을 통해 해당 지목을 확인할 수 있다.

〈지목 구거, '구'라고 표기된 토지이음의 지도〉

구거점용허가 사례

제주특별자치도 제주시 한림읍 동명리 2246

출처 : 토지이음

〈구거에 교량이 있어 구거 점용 신청 및 건축허가를 받은 사례〉

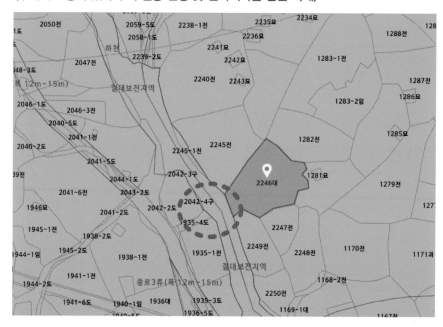

출처 : 토지이음

그렇다면 실제적인 맹지 투자의 방법은 어떤 것이 있을까? 우선, 맹지 투자의 방법은 크게 2가지로 나눠볼 수 있다.

첫째, 맹지 매입 후, 맹지 탈출하는 방법이다.

〈맹지 탈출 방법 1〉

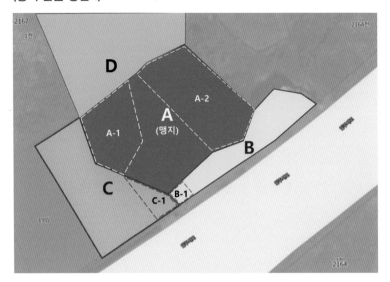

출처 : 저자 작성

위의 자료를 보면 A토지는 맹지다. A토지를 저렴하게 구입했다면, 도로에 접한 인접 토지 B, C를 통해 맹지 탈출을 노려볼 수 있다. 이를 위해 B, C의 토지주에게 각각 B-1, C-1을 매도해줄 것을 동시에 요청해야 한다. 운이 좋다면 도로에 접한 일부 토지를 시세 대비 150~300% 수준으로 매수할 수 있다.

반면, B-1, C-1 토지 매수가 불가할 경우, 토지 교환을 요청할 수도 있다. B, C토지주에게 각각 B-1, C-1을 받고 3~5배가량의 토지 A-1, A-2 토지와 교환을 제안하면 교환에 응할 가능성이 커진다. B, C토지주 입장에서는 별도 비용 없이 토지 면적을 증가시킬 수 있기 때문이다.

맹지 투자의 핵심은 '맹지 탈출 가능성'이고 이를 위해 2가지를 유념하자.

맹지 탈출은 될 수 있는 대로 한 필지 구입으로 가능해야 한다

아래 맹지 탈출 방법 2에서 D토지의 맹지 탈출을 위해서는 각각 A, B토지의 전부 혹은 일부를 매수해야 한다. 절대 쉽지 않은 일이다. 반대로 A토지는 한 필지(B토지 또는 C토지) 매수로 맹지 탈출이 가능하다. 더불어 A토지는 맹지 탈출의 기회뿐만 아니라, 또 다른 기회(D토지 저가 매수)도 있다.

도로에 접한 인접 토지들이 많을수록 맹지 탈출 가능성이 크다

맹지 투자 전에 맹지를 탈출할 수 있는 경우의 수가 얼마나 많은지 확인하자. 다음의 A토지는 B 또는 C토지를 통해 맹지 탈출이 가능하다.

〈맹지 탈출 방법 2〉

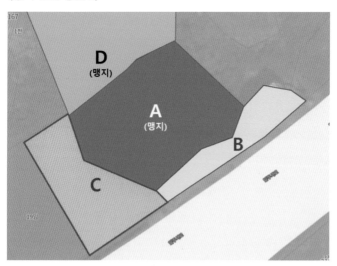

출처 : 저자 작성

둘째, 도로 접한 토지를 구입 후 맹지를 매입하는 방법이다.

다음 자료처럼 A토지를 매수했다면 맹지인 B토지를 추가적으로 매수할 수도 있다. 우선, A토지를 매수 시, 인접한 토지 가운데 B토지와 같이 저렴하게 매수 가능한 맹지가 있는지의 여부를 확인하자.

반면, B토지주의 입장은 다소 유연할 수 있다. B토지는 맹지 탈출의 '경우의 수'가 A토지를 포함해 총 3곳이 더 있어, 오히려 직접 맹지 탈출을 시도하거나 주변 지주에게 다소 높게 매각하려고 할 수도 있기 때문이다.

〈맹지 투자 방법〉

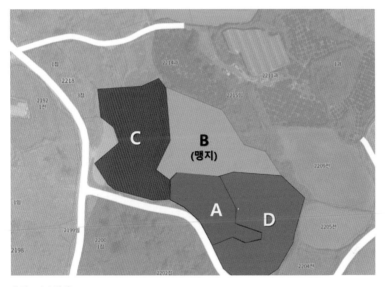

출처 : 저자 작성

결국, 도로를 접한 토지를 구입한 후, 맹지 투자를 고려한다면 맹지 탈출이 쉽지 않은 토지와 그런 맹지를 다수 접하고 있는 토지가 적합하다.

다음 자료처럼 A토지의 소유주는 인근 다수의 맹지를 매수할 수 있다면, 상당한 이익을 기대해볼 수 있을 것이다.

〈맹지 투자에 적합한 A토지 주변 토지들〉

출처 : 네이버 지도, 저자 편집

　참고로 인접 토지주에게 연락하는 방법은 등기사항전부증명서상의 소유주
주소지로 우편물을 발송하거나 인접 토지주 또는 마을 주민 혹은 이장님께 문
의하는 방법, 본인 토지에 매도 안내판을 꽂아두는 방법 등이 있다.

〈토지 매수 의뢰 시 보내는 필자의 우편물 발송 사례〉

백** 선생님 귀하

안녕하십니까? 저는 제주시 화북동에서 남촌부동산 중개사무소를 운영하는 장혁철 대표입니다.

우선, 선생님의 연락처를 알 길이 없어 등기부등본상 주소지로 이렇게 불쑥 편지를 보내게 된 점, 죄송스럽다는 말씀을 전합니다.

다름이 아니라, 선생님께서 소유하고 계신 토지인 제주시 조천읍 **리 ****번지 해당토지(대, 374㎡)에 대해 매수 및 매도(인접토지)를 희망하시는 분이 있어, 협의 가능 여부를 여쭙고자 이렇게 편지를 드리며, 모든 협의는 선생님 입장에서 살피고 조율하도록 하겠습니다.

번거롭게 해드려 죄송스럽지만 바쁘시더라도 위에 관해 아래 연락처로 연락 부탁드리겠습니다. 다시 한번 의도치 않은 편지를 보내게 됨을 거듭 사과 드립니다.

— 아래 —

☐ 사무실 주소 : 제주시 동화로 34, 남촌부동산중개사무소
☐ 대표자 연락처 : 010-9365-0650
☐ FAX : 064)702-0650
☐ http://m.blog.naver.com/hcjang80

공동 투자

필자는 동업 또는 공통 투자를 언급하면 열이면 열, 모두 뜯어말린다. 그게 가족과의 동업이라 할지라도 말이다.

살다 보면 크고 작음의 차이는 있겠지만 우리 대부분은 공동 투자를 경험하고 있다. 가장 흔한 예로 어머님들이 주로 하는 계 모임인데, 계 모임도 일종의 변형된 투자 모임이다. 하지만 곗돈을 가지고 소위 '먹튀'하는 사기 사건이 발생하기도 한다.

또한 주식, 코인이 활황일 때, 가족, 지인 돈을 투자받아 운용해주는 대가로 수익금을 서로 나누기도 한다. 하지만 해당 자산 시장이 곤두박질치면서 수익은 고사하고 투자금도 잃고, 심각한 경우는 소송이 오가고 서로의 관계가 파탄에 이르는 사례도 많다.

그럼에도 불구하고, 왜 공동 투자를 하는 것일까? 공동 투자의 장점은 무엇일까?

첫째, 소액 투자가 가능하다. 예로 9억 원 상당의 건물을 혼자 매입하기는 부담이 크지만, 3인이 3억 원씩 투자한다면 비교적 큰 부담 없이 매입이 가능하다.

더 흥미로운 사실은 '내 수중에 시드머니가 없어도 투자를 할 수 있다'라는 점이다. 도대체 이게 무슨 말일까?

앞서 투자자 3인이 9억 원 상당의 건물을 매입하는 경우, 그중 1인의 투자자가 투자 매물을 처음 접하고, '현재 저평가되어 있다'라는 것과 '미래가치가 상승할 부동산'임을 확신할 수 있다면 가능하다.

이처럼 누구나 투자하고 싶은 매력적인 매물이라면, 2인은 현금 투자를 하고 매물을 처음 접한 1인은 담보 대출(투자금)을 위해 나머지 투자자 2인 각각의 지분에 대한 담보 제공을 받아, 시드머니 없이도 투자가 가능한 셈이다. 그러한 투자자가 되기 위해서는 부동산 매물을 보는 안목이 필요하다. 그런 탁월한 능력은 어떻게 기를 수 있을까?

우선 제주도 부동산 시장 전체가 아닌, 자신이 관심 있는 토지, 맹지, 공장, 상가, 상가주택, 아파트, 단독주택, 재건축 아파트, 재개발 등 특정 분야의 전문가가 되는 게 좋다. 현재 각종 유튜브와 온라인상에서 활동하는 부동산 전문가들도 대부분 한 분야에 특화된 전문가들임을 참고하자.

특정 분야에 지식을 쌓고, 해당 부동산 현재 가치를 분석하고 미래 가치를 예측할 수 있다면, 남보다 빠르게 부동산 정보를 얻고 투자 기회를 잡을 수 있을 것이다.

둘째, 투자 결정 과정에서 오류를 줄일 수 있다. 투자를 결정할 때 혼자가 아니라, 여럿이 다양한 각도에서 고민한다면 훨씬 투자 위험을 줄일 수 있다. 투자하기로 결정한 후 계약, 보유, 매도의 시기 등도 함께 정하는 과정을 통해 많은 부분이 합리적으로 다듬어질 것이다.

부동산 공동 투자를 할 때 반드시 유념해야 할 점은 해당 투자의 기회를 알아볼 줄 아는 전문가와 투자를 해야 한다는 것이다. 단순히 친한 친구, 지인과 투자를 한다면 탈이 나기 마련이므로, 부동산의 기회와 미래를 알아보고 같은 목표를 향해 나아갈 수 있는 전문가와 함께하자.

셋째, 부동산 지식을 쌓을 수 있다. 스스로 좋은 물건을 알아볼 수 있는 안목을 키우는 것은 기본이고, 주변에 전문가(변호사, 법무사, 건축사, 세무사, 중개사 등)와 같이 물건을 분석하다 보면, 생각지도 못한 위험과 기회를 포착할 수 있다.

전문가들은 누구보다 더 고민하고 연구를 한다. 건축사는 건축 등의 공법적인 요소, 세무사는 취득, 보유, 양도 단계 등에서 발생하는 세금 절세 방법, 중개사들은 주변 거래 사례 등을 분석해 각자 의견을 나눌 수 있다. 그러한 경험을 함께하다 보면, 짧은 기간 내 전문가의 식견과 노하우를 배울 수 있다.

그렇다면, 공동 투자의 단점은 무엇이고, 위험을 어떻게 통제할 수 있을까?
첫째, 부동산 관리가 어렵다. 간혹, 건물이나 토지를 공동으로 매입하면 주인이 한 명에서 다수로 변경된다. 상업용 건물, 주택 등을 임대하고, 토지는 경작 등의 관리가 필요하다. 사람이 많으면 생각도 의견도 다르기에 그만큼 부동산 관리가 쉽지 않고, 관리 책임은 오히려 회피하려 한다는 게 사람의 심리다.

둘째, 권리관계가 복잡할 수 있다.
부동산 공동 투자는 다른 자산에 비해 큰 규모의 금액이 투자된다. 그러다 보니, 투자자 각자의 재무 상황에 영향을 받을 수밖에 없다. 요즘처럼 금리가 높고, 시장 상황이 침체되는 경우라면 최악의 경우 투자자의 지분을 처분해야 하는 상황이 발생한다. 사전에 투자자들의 재무 상태 등을 면밀히 공유하고, 이에 대한 계획도 정해놓을 필요가 있다.

셋째, 처분 또는 수익 배분이 어렵다. 공동 투자 시 부동산의 처분은 그 가치가 오를 때도, 내릴 때도 쉽지 않다. 개개인이 매도할 수 있는 주식도 신고가를 찍는 경우와 30~40%씩 주가가 빠질 때, 매도하기가 어려운 것처럼 다수가 투자한 부동산 처분은 더욱 쉽지 않다. 투자 수익에 대한 기대뿐만 아니라 보유, 개발, 매도 등의 계획도 각자 다르면 수익 배분은 더욱 요원해질 수밖에 없다.

이러한 이유로 필자 역시 기본적으로 공동 투자를 선호하지 않지만, 다음의 요소들을 고려하고 통제할 수 있다면 가능하다.

① 공동 투자의 위험 요소는 무엇인가?
② 최악의 상황은 무엇인가?
③ 최악의 상황을 막아줄 안전장치가 있는가?
④ 최악에 상황에서도 수익이 발생하는가?

중요한 것은 '최악의 상황에서도 수익이 발생하는가?'와 '위험요소를 통제할 수 있는가?' 여부를 판단해 조건에 부합하면 공동 투자도 가능할 것이다.

공동 투자 시 위험요소를 줄이기 위해 부동산 취득, 보유, 매도 단계에 필요한 사항 등을 약정한 이행 각서 또는 합의서 작성을 권한다.

예로 2인이 한 농지(지목이 전, 답, 과수원)를 공동으로 매수(지분 투자)를 하는데, 1인은 농업인, 다른 1인은 일반인일 경우, 취득세 납부 시 농업인은 취득세 감면을 받을 것이고, 매도 시 농업인은 보유 기간에 따라 8년 자경에 의한 양도세 감면, 대토 감면을 받을 수 있는 반면, 일반인은 해당 감면을 전혀 받을 수 없다.

앞과 같은 사례처럼 동일한 투자를 하더라도 투자금 부담과 투자 수익률이 서로 달라질 수 있기에 사전 조율이 필요한 것이다.

더 나아가 공동 투자자 전원의 처분 방법, 처분 시기뿐만 아니라, 일부 투자자의 처분 방법(제삼자 매각 여부 포함), 처분 금액과 기준 등을 구체적으로 정해놓아야 한다. 이 밖에 관리에 대한 권한, 범위, 책임 등도 세부적으로 정하는 것이 바람직하다. 이러한 내용을 담은 이행 각서 등은 공증인 사무실을 찾아 추가로 공증을 받자. '공증'은 특정한 사실 또는 법률관계의 존재 여부나 내용을 공적으로 증명하는 행위를 말한다.

공증문서 자체가 법적 구속력을 가지는 것은 아니나 추후 분쟁 발생 시 소송 자료로서 법적 근거가 될 수 있고, 상호 간 불필요한 논쟁과 시간 소모를 줄일 수 있다. 가장 중요한 기본은 공동 투자자 전원이 사전에 충분한 협의를 통해 불안 요인을 제거하고, 통제 가능한 규약을 정하는 것이다.

〈부동산 공동 투자 시 필자가 작성한 이행 각서 및 공증 사례〉

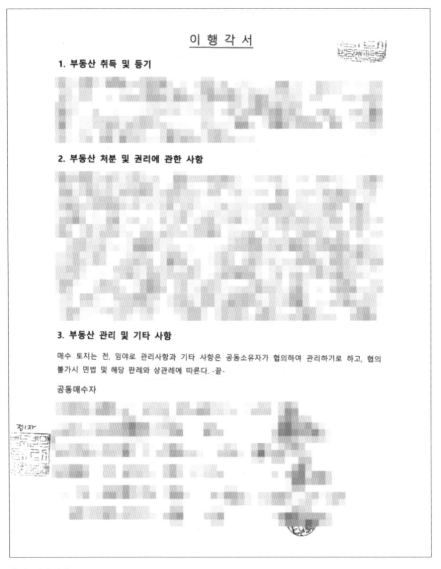

이 행 각 서

1. 부동산 취득 및 등기

2. 부동산 처분 및 권리에 관한 사항

3. 부동산 관리 및 기타 사항

매수 토지는 전, 임야로 관리사항과 기타 사항은 공동소유자가 협의하여 관리하기로 하고, 협의 불가시 민법 및 해당 판례와 상관례에 따른다. -끝-

공동매수자

출처 : 저자 작성

〈부동산 공동 투자 시 필자가 작성한 이행 각서 및 공증 사례〉

[제35호서식]　　　　공증인가 법무법인 **탐라**

인　증

위 이행각서에 기재된

공동매수자

본 공증인의 면전에서 위 사서증서의 기명날인이

본인들의 것임을 확인하였다.

본 공증인은 위 촉탁인들이 각 제시한 주민등록증, 자동차운전면허증

에 의하여 그 사람들이 틀림없음을 인정하였다.

제1장 25행 정1자

2022년 1월 12일 이 사무소에서 위 인증한다.

공증사무소명칭	공증인가 법무법인 **탐라**
소속	제주지방검찰청
소재지표시	제주시 남광북5길 2(이도이동, 영산빌딩3층)
공증인	공증담당변호사

출처 : 저자 작성

제주도 부동산
투자의 새로운 기회

재건축사업

필자의 한 친구는 2010년 당시 준공 후 22년이 넘은 제주시 이도주공 아파트(공급면적 45㎡)를 9,000만 원에 매입했다. 35년 된 해당 아파트는 2023년 현재 시세가 약 6억 3,000만 원으로 13년 만에 가격이 7배나 치솟았다.

이도주공 아파트의 평단가는 4,630만 원으로, 근처에 위치한 이도한일베라체 아파트(준공 2011년도) 32평형의 평단가 2,500만 원과 비교하면 약 2배가 넘는 엄청난 금액이다.

만약, 내가 비슷한 시기인 2011년에 제주시 이도한일베라체 아파트 32평형을 분양받고 현재까지 보유했다고 가정하면 매수가격, 대비 약 3배에 달하는 높은 수익률이지만 앞서 7배나 오른 이도주공 아파트와 비교하면 초라한 성적이다.

승강기도 없고 준공 후 35년 차의 이 낡은 아파트는 왜 이렇게 비싼 것일까?

〈재건축사업이 추진되는 제주시 이도주공 아파트 2, 3단지 전경〉

출처 : 저자 작성

현재 이도주공 아파트 2, 3단지는 재건축사업이 한창 진행 중이다.

재건축사업은 정비기반 시설은 양호*하나 노후·불량 건축물에 해당하는 공동주택이 밀집한 지역에서 주거환경을 개선하기 위해 '도시 및 주거환경정비법'에 따라 시행되는 정비사업의 하나다.

재건축사업 중에는 리모델링 재건축사업, 1:1재건축사업도 있으나, 일반적으로 조합원의 구축 아파트를 철거해, 기존 세대수 대비 더 많은 세대수(**조합원 분양 + 일반 분양**)의 신축 아파트를 공급해서 사업성을 높이는 데 그 사업의 주된 의의가 있다.

---

* 정비기반 시설은 도로, 상하수도, 공원, 공용주차장 등이 있고, 재건축사업은 정비기반 시설이 양호한 지역에서 진행되는 반면, 재개발사업은 기반 시설이 열악한 곳에서 진행된다.

〈재건축사업의 이해도〉

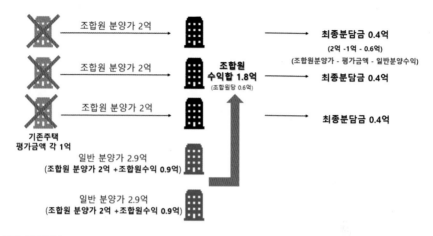

출처 : 저자 작성

즉, 재건축 정비구역으로 지정되기 전까지 종전 주택은 노후화가 심해 저렴한 반면, 재건축사업을 거치면서 일반 분양가격보다 적은 조합원 분양가격(**종전 자산평가액에서 일반분양 수익금을 차감한 금액**)으로 시세 대비 저렴하게 새 아파트를 마련할 수 있는 장점이 있다.

제주특별자치도는 특례에 따라 기존에 도시정비기본계획을 수립하지 않았으나, 제주시 인구가 50만을 넘으면서 체계적인 도시정비기본계획의 필요성이 대두되었다.

2022년에 제주도는 '2030 도시·주거환경 정비기본계획'을 수립하고, 준공 후 20년이 경과된 공동주택 중 면적 10,000㎡ 이상, 200세대 이상의 공동주택 대상으로 정비예정구역을 지정했다(제주시 21개소, 서귀포시 12개소).

〈재건축 정비예정구역(제주시 21개소)〉

1-1	외도부영1차아파트	제주시 외도일동 560-1번지 일원	29,942.90	재건축	2028년 이후
1-2	용두암 현대아파트	제주시 용담삼동 505번지 일원	15,403.00	재건축	2024년 이후
1-3	건입동 현대아파트	제주시 건입동 940-3번지 일원	28,755.96	재건축	2024년 이후
1-4	일도신천지2차아파트	제주시 일도이동 46번지 일원	14,037.50	재건축	2026년 이후
1-5	혜성대유아파트	제주시 일도이동 46-1번지 일원	11,850.00	재건축	2026년 이후
1-6	일도삼주아파트	제주시 일도이동 47번지 일원	10,599.10	재건축	2024년 이후
1-7	일도신천지1차아파트	제주시 일도이동 47-1번지 일원	27,439.20	재건축	2024년 이후
1-8	일도우성1단지아파트	제주시 일도이동 113번지 일원	24,713.20	재건축	2026년 이후
1-9	일도우성2단지아파트	제주시 일도이동 133-6번지 일원	15,551.10	재건축	2026년 이후
1-10	일도성환아파트	제주시 일도이동 113-3번지 일원	13,090.00	재건축	2026년 이후
1-11	일도대림1차아파트	제주시 일도이동 133-4번지 일원	13,065.00	재건축	2026년 이후
1-12	일도대림2차아파트	제주시 일도이동 133-5번지 일원	13,729.60	재건축	2026년 이후
1-13	대유대림아파트	제주시 일도이동 113-7번지 일원	50,468.46	재건축	2028년 이후
1-14	영산홍주택	제주시 이도이동 405번지 일원	21,297.60	재건축	2024년 이후
1-15	혜성무지개타운	제주시 이도이동 438번지 일원	16,009.60	재건축	2026년 이후
1-16	수선화1차아파트	제주시 도남동 70번지 일원	8,079.90	재건축	2024년 이후
1-17	아라원신아파트	제주시 아라일동 6082-3번지 일원	10,661.00	재건축	2024년 이후
1-18	염광아파트	제주시 아라일동 6142-13번지 일원	13,727.20	재건축	2022년 이후
1-19	제주화북주공1단지아파트	제주시 화북일동 10-1번지 일원	28,638.00	재건축	2028년 이후
1-20	제주화북주공2·3단지아파트	제주시 화북일동 9-1번지 일원	58,599.00	재건축	2028년 이후
1-21	제주화북주공4단지아파트	제주시 화북일동 12-1번지 일원	42,030.00	재건축	2028년 이후

출처 : 2030 제주특별자치도 도시·주거환경정비기본계획

〈재건축 정비예정구역(서귀포시 21개소)〉

2-1	성산연립주택	서귀포시 강정동 178-1번지 일원	12,781.00	재건축	2026년 이후
2-2	대림제주서호연립주택	서귀포시 강정동 177번지 일원	23,972.00	재건축	2026년 이후
2-3	만우빌라	서귀포시 법환동 748번지 일원	12,705.60	재건축	2026년 이후
2-4	삼주연립주택	서귀포시 법환동 749번지 일원	18,446.10	재건축	2024년 이후
2-5	동남서호연립주택	서귀포시 법환동 748-1번지 일원	12,735.40	재건축	2026년 이후
2-6	현대연립주택	서귀포시 법환동 749-1번지 일원	16,431.00	재건축	2024년 이후
2-7	동홍주공1단지아파트	서귀포시 동홍동 147번지 일원	16,452.00	재건축	2022년 이후
2-8	동홍주공2단지아파트	서귀포시 동홍동 119번지 일원	15,143.00	재건축	2022년 이후
2-9	동홍주공4단지아파트	서귀포시 동홍동 355-1번지 일원	17,265.00	재건축	2026년 이후
2-10	동홍주공5단지아파트	서귀포시 동홍동 1674번지 일원	51,991.85	재건축	2028년 이후
2-11	서귀포시 삼아아파트	서귀포시 동홍동 201번지 일원	17,023.00	재건축	2024년 이후
2-12	세기아파트	서귀포시 동홍동 139-1번지 일원	10,516.00	재건축	2022년 이후

출처 : 2030 제주특별자치도 도시·주거환경정비기본계획

또한 '2030 도시·주거환경 정비기본계획'에 따르면, 재건축 정비예정구역의 노후도 기준으로 추진 시기를 4단계로 구분해 부동산 시장의 수급 관리 계획을 세웠다.

〈제주도 재건축 정비예정구역 단계별 추진계획〉

구 역	2022년 이후	2024년 이후	2026년 이후	2028년 이후
재건축	4개 구역 염광 동홍주공1단지 동홍주공2단지 세기아파트	10개 구역 용두암현대 삼주연립 건입동현대 현대연립 일도삼주 서귀포삼아 일도신천자1차 영산홍 수선화1차 아라원신	13개 구역 일도신천자2차 혜성무지개 혜성대유 성산연립 일도우성1단지 대림제주서호연립 일도우성2단지 만우빌라 일도성환 동남서호연립 일도대림1차 동홍주공4단지 일도대림2차	6개 구역 외도부영1차 대유대림 제주화북주공1단지 제주화북주공2·3단지 제주화북주공4단지 동홍주공5단지

출처 : 2030 제주특별자치도 도시·주거환경정비기본계획

제주도에서 재건축 아파트의 의의는 무엇일까?

첫째, 신제주권, 일도동-이도동의 구도심권의 재건축 가능한 대단지 아파트가 많지 않아 희소가치가 높다.

둘째, 현재 재건축이 진행되고 있는 아파트는 교육, 교통, 행정, 의료 및 사회기반 시설들이 잘 갖춰진 소위 '입지'가 좋은 곳이다.

셋째, 제주도의 재건축은 고도 제한 또는 지구단위계획 수정을 통해 사업성이 제고될 가능성이 크다.

〈재건축사업 진행 절차〉

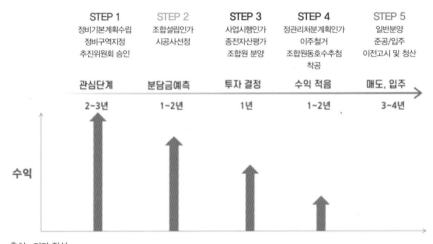

출처 : 저자 작성

현재 제주시 구도심에 위치한 이도주공 아파트 1단지와 이도주공 2, 3단지는 각각 사업시행인가, 관리처분계획인가 단계를 앞두고 있고, 신제주 제원 아파트는 조합설립인가 단계를 거치고 있다.

반면, '2030 도시·주거환경 정비기본계획'을 통해 재건축 정비 예정 구역에 속한 33개 아파트는 앞의 자료의 1단계에 머물러 있다.

주변에서 재건축사업은 '시간이 오래 걸린다', '큰돈이 묶인다', '사업성이 별로 없다'라는 분들도 많다. 1단계부터 입주 시기까지 하는 투자가 아니더라도 예산 계획에 따라 단계별 투자 및 매도 시기를 정한다면 일정 수익을 거둘 수 있을 것이다. 이를 위해서는 앞서 언급한 제주도 재건축사업의 장단점을 포함해 사업 추진 과정, 시공사 선정, 감정평가액, 분담금, 권리가액, 대지 지분 등 재건축사업 전반에 걸친 전반적인 학습이 반드시 선행되어야 한다.

필자는 시중에 나와 있는 도서 가운데 이정열 작가의 《돈 되는 재건축, 재개발》이라는 책을 추천한다. 이 책을 통해 제주도 내에서도 좋은 입지, 사업성이 좋은 단지를 찾아 분석해보고, 실천해보길 바란다. 희소가치가 높으며 입지와 사업성이 좋은 제주 신도심, 제주 구도심, 서귀포 도심의 기개발지의 재건축, 재개발 이슈를 눈여겨보고 투자처를 모색해보자.

2~3억 원대 아파트에 투자해 10년 뒤 10억 원이 넘는다면 연간 누적 수익률이 300~400%에 이른다. 《돈 되는 재건축, 재개발》의 이정열 작가가 언급한 투자의 퀀텀 점프뿐만 아니라 인생의 퀀텀 점프를 이룰 수도 있을 것이다.

재개발사업

재개발사업은 서울과 수도권, 부산 등 '정비구역 지정'에 따른 뉴스 기사에서나 잠시 접했을 뿐 제주에서는 생소한 단어였다. 하지만 2023년 8월 말 제주시 삼도2동 주민들이 남성마을 일대 약 4만 2,900㎡~5만㎡의 사업구역으로 재개발사업을 추진하면서 신규 아파트 800~1,000세대의 공급계획을 발표하고, 2023년 11월 말에 도시정비구역 신청을 예고했다.

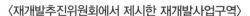

〈재개발추진위원회에서 제시한 재개발사업구역〉

출처: 〈미디어제주〉

먼저 재개발사업을 학습하기 위해서는 제주도의 해당 계획과 방향을 먼저 살펴볼 필요가 있다.

제주도는 '2040 제주특별자치도 도시기본계획'에 따라 재개발사업은 '기존 시가지 내 주택 공급 추진을 위한 주민자율재개발사업 추진'이라는 큰 흐름만 정해놓았다. 재건축사업과 달리 각종 투기와 부작용을 우려해 정비예정구역을 사전에 지정하지 않고, 해당 주민이 재개발 정비계획(안)을 입안 제안하면 정비계획 및 정비구역 지정을 검토한다는 입장이다.

그리고 재개발사업지역 내 원주민 재정착률을 높이기 위해 소형 주택과 임대주택 건설 비율을 고시하고, 재개발사업 철거민에 대한 국민임대주택 입주 자격을 부여하는 제도를 도입한다. 또한 재개발사업 추진 시 임대주택의 공급, 원활한 사업 추진, 재개발의 공공성 확보 등을 위해 공공 재개발사업 방식을 적극적으로 검토하는 것이 '2040 제주특별자치도 도시기본계획'의 주요 내용이다.

제주도 정비사업에 대한 구체적인 내용을 담은 '2030 제주도 도시주거·환경정비기본계획'을 살펴보면, 재개발사업은 '정비기반 시설이 열악하고 노후·불량 건축물이 밀집한 지역에서 주거환경을 개선하거나 상업지역·공업지역 등에서 도시 기능의 회복 및 상권 활성화 등을 위해 도시환경을 개선하기 위한 사업'으로 그 범위를 정하고 있다.

재개발사업의 법적 기준(필수)

= 노후·불량 건축물의 수 2/3 이상 + [조례 별표 1] 내용 중 1개 충족 시

법적 기준은 필수적으로 만족해야 하며, 항목으로 정비계획 수립 대상구역에 포함되는지 판단하는 근거가 된다.

〈제주특별자치도 도시 및 주거환경정비 조례 별표 1〉

정비계획의 입안대상지역(재개발 사업)

구분	입안기준	비고
노후 · 불량건축물	노후 · 불량건축물의 연면적의 합계가 전체 건축물의 연면적 합계의 2/3 이상이거나, 건축물이 과도하게 밀집되어 있어 그 구역의 토지의 합리적인 이용과 가치의 증진을 도모하기 곤란한 지역	
밀도	호수 밀도가 헥타르당 50호 이상인 지역 (1헥타르 = 10,000㎡)	
과소필지	건축대지로서 효용을 다할 수 없는 과소필지(「제주도 건축 조례」제 26조에 의한 분할제한면적 이하인 것), 부정형 또는 세장형필지(대지 폭3m미만) 수가 40% 이상인 지역	
기반시설	• 정비기반시설의 정비에 따라 토지가 대지로서의 효용을 다할 수 없게 되거나, 과소토지로 되어 도시의 환경이 현저히 불량하게 될 우려가 있는 지역 • 정비대상 구역내 폭 4m미만 도로의 길이가 총 도로 길이의 40% 이상이거나, 폭 4m 이상 도로에 접한 주택접도율이 30% 이하인 지역	
기타	• 법 59조 제1항에 따른 순환용 주택을 건설하기 위하여 필요한 지역 • 대상구역내 국·공유지 비율이 높아 거주주민의 재정착에 실질적인 도움이 되는 지역 • 상습침수지역·재해위험지역 등 재해발생이 우려되는 곳으로 신속히 사업 시행이 필요한 지역 • 철거민이 40세대 이상 규모로 정착한 지역이거나 인구가 과도하게 밀집되어 있고 기반시설의 정비가 불량하여 주거환경이 열악하고 그 개선이 시급한 지역 또는 정비기반시설이 현저히 부족하여 재해발생시 피난 및 구조 활동이 곤란한 지역 • 노후·불량건축물에 해당되는 건축물의 수가 해당 대상구역 안의 건축물수의 50% 이상인 지역 또는 재개발사업을 위한 정비구역안의 토지면적의 50%이상의 소유자와 토지 또는 건축물을 소유하고 있는 자의 50%이상이 각각 재개발 사업의 시행을 원하는 아니하는 지역 • 인구·산업 등이 과도하게 집중되어 있어 도시기능의 회복을 위하여 토지의 합리적인 이용이 요청되는 지역 • 해당 지역안의 건축물의 최저고도지구의 토지(정비기반 시설 용지를 제외한다)면적이 전체토지면적의 50%를 초과하고, 그 최저고도에 미달하는 건축물이 당해 지역안의 건축물의 바닥면적합계의 2/3이상인 지역 • 공장의 매연·소음 등으로 인접지역에 보건 위생상 위해를 초래할 우려가 있는 공업지역 또는 「산업집적활성화 및 공장설립에 관한 법률」에 의한 도시형 업종이나 공해발생 정도가 낮은 업종으로 전환하고자 하는 공업지역	제주특별자치도 도시 및 주거환경정비 조례 별표1

출처 : 2030 제주특별자치도 도시 및 주거환경정비조례

주거정비 지수(조건)

재개발 주거정비 지수는 정량적 지표를 통해 차등 점수화하고, 기준 점수를 충족할 경우 심의를 통한 정비구역 지정 요건이다.

정비 지수(조건) 항목은 총 7개 항목(주민 동의율, 건축물 노후도, 과소필지, 도로 연장률, 호수 밀도, 도로 접도율, 구역 면적)으로 구성되며, 100점 만점에서 60점 이상 시 도시계획 위원회 심의 후 정비구역으로 지정된다.

〈2030 제주도 도시 및 주거·환경정비기본계획 – 재개발 정비지수〉

구 분			지수 평가 항목	평 가
기본항목 (필수)	노후도		• 노후·불량건축물 수가 전체 건축물수의 2/3 이상	법·조례상 기준
	1이상 충족		• 「제주특별자치도 도시 및 주거환경정비조례」 별표1 제2호 가목 내지 파목	
조건항목 (100점)	주민 동의율	토지등 소유자	• 정비구역 내 토지등소유자 중 정비사업에 대한 동의 비율 (토지등소유자 동의자 수 / 토지등소유자 총 수)	20	60점 이상
		토지 면적	• 정비구역 전체 중 정비사업에 대한 동의하는 토지등소유자의 필지면적 비율 (정비사업에 동의하는 토지등소유자의 필지면적의 합 / 정비구역 면적)	10
	노후도	건축물 수	• 건축물 동수를 기준으로 건축물 노후도 산정 (노후건축물 동수 / 총 건축물 동수)	10
		연면적	• 건축물 연면적을 기준으로 건축물 노후도 산정 (노후건축물의 연면적 합 / 총 건축물 연면적)	10
	과소필지		• 정비구역 내 과소필지 및 부정형·세장형 필지비율 (과소·부정형·세장형필지 면적 합 / 정비구역 면적)	10
	도로연장률		• 정비구역 내 총 도로 길이 중 폭 4m 미만의 도로율 (폭 4m 미만 도로의 총 길이 / 총 도로의 길이)	10
	호수밀도		• 정비구역 내 1ha 당 건축물 동수 (호수밀도 산정은 「제주특별자치도 도시 및 주거환경정비조례」 제2조 제6호에 따름)	10
	도로접도율		• 정비구역 내 4m이상 도로접하는 필지 비율 (폭4m 이상 도로에 접하는 필지면적 합 / 정비구역 면적)	10
	구역면적		• 정비구역 면적	10

주) 100점 만점에서 기준점수 60점 이상 시 도시계획위원회 심의 후 정비구역 지정

출처 : 2030 제주특별자치도 도시 및 주거환경정비조례

정비기본계획에 따르면, 제주도 저층 주거지 현황을 고려해 주민 동의율에 가장 많은 배점을 적용하는데, 조합설립 시 토지 등 소유자의 3/4 이상 및 토지 면적의 1/2 이상의 동의가 필요하다.

이처럼 우리는 도내 재개발 대상 지역을 예상하려면 노후 건축물이 밀집되고 정비기반 시설이 열악한 지역을 고려해야 한다. 그러기 위해서는 제주도 읍·면·동별 노후 건축물 현황을 살펴볼 필요가 있다.

제주도 노후 건축물 현황

〈2030 제주도 도시 및 주거·환경정비기본계획 – 2020년 건축물대장 자료〉 (단위 : 동)

구 분			총 건축물 수	노후건축물수	노후건축물비율(%)	비고
합 계			167,315	90,662	54.19	
제주특별 자치도	제주시 (26개소)	소 계	101,638	52,430	51.59	
		한림읍	10,410	5,006	48.09	
		애월읍	16,224	7,202	44.39	
		구좌읍	9,846	5,591	56.78	
		조천읍	11,474	5,659	49.32	
		한경면	6,797	3,782	55.64	
		일도1동	548	437	79.74	
		일도2동	4,340	3,701	85.28	
		이도1동	975	787	80.72	
		이도2동	5,798	3,444	59.40	
		삼도1동	2,055	1,743	84.82	
		삼도2동	977	729	74.62	
		용담1동	1,339	1,106	82.60	
		용담2동	2,971	2,037	68.56	
		건입동	1,320	957	72.50	
		화북동	2,572	1,309	50.89	
		삼양동	2,468	920	37.28	
		봉개동	1,593	699	43.88	
		아라동	4,727	1,323	27.99	
		오라동	2,321	822	35.42	
		연동	3,960	2,253	56.89	
		노형동	5,000	1,691	33.82	
		외도동	2,262	630	27.85	
		이호동	819	322	39.32	
		도두동	842	280	33.25	
	서귀포시 (17개소)	소 계	65,677	38,232	58.21	
		대정읍	9,097	5,350	58.81	
		남원읍	10,843	7,254	66.90	
		성산읍	8,226	4,476	54.41	
		안덕면	6,983	3,237	46.36	
		표선면	6,858	3,495	50.96	
		송산동	1,330	923	69.40	
		정방동	648	519	80.09	
		중앙동	961	838	87.20	
		천지동	920	719	78.15	
		효돈동	1,988	1,429	71.88	
		영천동	2,856	1,572	55.04	
		동홍동	2,283	1,179	51.64	
		서호동	1,594	1,013	63.55	
		대륜동	3,115	1,703	54.67	
		대천동	2,857	1,604	56.14	
		중문동	2,985	1,727	57.86	
		예래동	2,133	1,194	55.98	

출처 : 2020년 제주특별자치도 건축물대장

'제주도 노후 건축물 현황 자료'에 따르면, 제주도 내 원도심지역에 노후 건축물 비율이 높은 곳은 일도2동(85.28%), 삼도1동(84.82%), 용담1동(82.60%), 이도1동(80.72%) 순이며, 서귀포시는 중앙동(87.20%), 정방동(80.09%)이다.

제주 최초로 2023년 11월에 도시정비구역 신청을 예고한 삼도2동(남성마을) 역시 노후건축물 비율이 약 75% 수준으로 타 지역과 비교해 상당히 높은 수준임을 알 수 있다. 제주특별자치도 도시기본계획과 도시·주거환경 정비계획에 따라 재개발 추진 시 공공 재개발 방식의 적용을 검토할 예정이라고 앞서 말한 바 있다.

공공 재개발사업은 재개발사업 중 공공(LH 단독 또는 조합과 공동시행)이 사업시행자이고, 토지 등 소유자 대상 분양분을 제외한 나머지 주택 수의 50% 이상을 지분형 주택, 공공임대주택, 공공지원 민간임대주택으로 건설·공급하는 사업방식이다.

일반 재개발사업 시 '토지 등 소유자' 3/4 이상 및 1/2토지 면적 소유자의 동의를 받아야 하는 반면, 공공 재개발사업은 '토지 등 소유자'의 10% 이상 동의로 사업을 제안할 수 있고, 주민 동의율 요건은 50%로 사업이 빠르게 추진될 수 있는 장점이 있다.

또한 사업성 측면에서도 공공 재개발사업 시 도시계획 위원회 심의를 거쳐 법적 상한 용적률의 120%까지 건축할 수 있으며, LH 등 공공 단독 시행 방식으로 시행할 경우 조합을 설립할 필요가 없으며, 통합심의를 통해 절차가 간소화되는 장점도 있다.

서울과 수도권 재개발사업 절차를 참고로 제주도정은 신속한 사업 추진과 공공성을 확보를 위해 공공 재개발사업을 검토할 것이고, 이것이 우리가 더 빠르게 학습해야 할 이유이기도 하다.

이제 더 이상 재개발은 타 지역에서만 진행되는 사업이 아니다. 주변 사람들이 관심이 없을 때 재개발사업에 대해 먼저 학습하고 준비한다면, 치열한 경쟁 없이도 투자의 수익을 기대할 수 있을 것이다.

제주 제2공항

제주도는 과거 관광·경제·산업 분야뿐만 아니라 사회간접자본(SOC) 투자 부문까지도 제주 동부지역을 제외한 제주시, 서귀포시, 제주 서부지역에 집중되어왔다.

지금도 제주도 동부권인 조천, 성산, 표선지역에 주거단지, 산업단지, 물류 단지 등의 대규모 개발은 전무할 정도인데, 이런 사업은 상주인구, 유동인구가 일정 수준 이상일 때 가능하기 때문이다.

그런데 '2040년 제주특별자치도 도시기본계획'의 인구계획에 따르면, 현재 9만 명인 동부 생활권의 인구가 점진적으로 증가해 2040년까지 약 4만 명 증가한 13만 명으로 계획하고 있다.

이렇게 인구 증가를 예상할 수 있는 요인이 바로 동부지역 개발에 커다란 추진력을 불어넣어 줄 제주 제2공항 개발계획이다.

〈제주 제2공항사업 개요〉

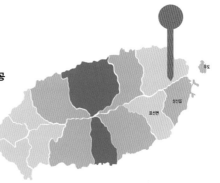

서귀포시 성산읍 온평리 일원

545만7000㎡(약 165만 평)

사업비 6조7천억, 2025년(착공) ~ 2030년 준공

3.2km활주로 1개(제주공항 1.5배 규모)

※ 스마트 혁신도시, 제3차 국가산업단지 등

출처 : 저자 작성

먼저, 제주 제2공항의 추진 과정을 살펴보면 제주 제2공항은 전략환경영향 평가 단계와 제주도의 의견수렴 기간을 거쳐 현재 공항 기본계획을 수립하고 있다. 실제로 공항 준공 후, 항공기가 뜨고 내리기까지는 최소 10년이라는 긴 시간이 소요될 것으로 예상된다.

2024년 상반기에 기본계획이 발표될 것으로 예상되며, 주민공람을 거쳐 본 격 실시설계 수립 및 제주도 의회 동의 절차를 거치게 된다.

실시설계는 ① 도시계획심의, ② 환경영향평가, ③ 경관심의, ④ 재해영향평 가, ⑤ 교통영향평가 등의 승인 절차를 거친다.

가장 큰 관건은 환경영향평가 단계로, 평가서 작성만 약 2년의 세월이 소요 되며, 해당 환경영향평가서는 제주도 의회의 동의가 반드시 필요한 만큼 그 동 의 시기가 사업시행 여부를 판가름할 최대 분수령이 될 것이다.

환경영향평가와 도의회 동의를 마치면 실시 계획 고시가 이뤄지며, 비로소

사업시행이 확정된다. 이후 토지 보상 협의 및 실제 보상이 이뤄지는데, 감정평가와 협의 기간 등을 고려하면 최소 1~2년 이상의 시간이 소요될 전망이다.

마지막으로 공항건설 착공 및 준공 단계로 착공은 토지 보상 비율이 전체 50%를 넘어야 가능하며, 국토교통부에서 발표한 내용에 따르면 제주 제2공항 공사 기간을 5년으로 계획하고 있다. 하지만 실제 준공 후 시험운전 기간까지 예상하면 최소 5~6년의 세월이 필요해 보인다.

그렇다면 제주 제2공항이 건설되면 어떤 변화들이 일어날까?

우선, 공항 배후도시인 스마트 혁신도시가 건설될 것이다. '제3차 제주 국제 자유도시 종합 계획(2022~2031)'에 따르면, 18개의 핵심사업 가운데 제1사업이 '스마트 혁신도시 조성'사업이다. 해당 계획 사업 개요에 따르면 '동부지역에 대규모 교통 인프라 조성을 기반으로 한 거점 도시를 형성해 제주도의 산업·경제 중심지로 조성한다'라고 밝히고 있다. 여기서 중요한 것은 대규모 교통 인프라 조성인데, 바로 '이 사업이 제주 제2공항 사업을 뜻한다'라는 점이다.

스마트 혁신도시 조성사업은 제주 제2공항 건설을 전제로 추진되기에 제주 제2공항 건설이 무효화되면 해당 사업도 폐기되거나 경우에 따라 변경, 축소될 수밖에 없다.

사업 기간은 2022~2031년으로 총사업비 1조 3,000억 원을 투입해 성산읍과 표선면 일대, 155만㎡(약 47만 평)에 건설 예정으로, 이곳에 업무지구, 기업 입주 시설, 물류단지, 주거단지 등이 계획되어 있다.

여기서 우리는 공항은 성산읍 일대에 들어오지만, 스마트 혁신도시는 성산읍과 표선면에 걸쳐 조성된다는 것을 유추해볼 수 있다. 따라서 도로 연결성(제주 2공항, 공항 연계도로, 번영로 등), 토지 수용 가능성 등을 고려해 표선면과 성산읍에 속한 각각 2개 마을(里)이 연접한 곳을 찾아보자.

그리고 현재 제주에는 첨단과학기술 단지(1단지, 2단지), 제주용암해수 일반산업단지, 대정, 구좌, 금능 농공단지 등 6개의 산업단지가 있다. 기존 산업단지 내 토지 분양은 완료되어, 제주로 이전하는 기업 및 제주 미래 먹거리 창출을 위한 산업 기반 마련을 위해 또 다른 산업단지 확보가 필요한 실정이다.

바로 이러한 현안을 고려해 제주 제2공항의 건설과 함께 인근에 제3차 국가산업단지가 조성될 예정으로, 국제자유도시계획에 따르면 스마트 혁신도시 인근에 '제3차 국가산업단지 조성'을 핵심사업으로 지정했으며, 사업 규모는 100만㎡(약 30만 평), 총사업비 4,127억 원으로 2022년부터 2031년까지 계획되어 있다.

'2040년 제주특별자치도 도시기본계획'에도 시가화 예정 용지로 스마트 혁신도시 및 제3차 국가산업단지 등 제주 제2공항 배후 복합도시 조성계획으로 사업 면적 또한 반영되어 있음을 알 수 있다. 사업 면적과 도로 연결성, 토지 수용성 등을 고려하면 '스마트 혁신도시와 제3차 국가산업단지'는 공항소음 지역이 아닌 제주 제2공항 서측에 조성될 것으로 추정된다.

〈제주 제2공항과 배후도시 예상지역〉

스마트 혁신도시
제3차 국가산단
예상 지역

제주제2공항

출처 : 네이버 지도, 저자 편집

그러면 제주 제2공항 주변지역은 어떻게 변할까?

제주 제2공항 관련 부동산 투자를 고려한다면, 공항 예정지(수용 대상 지역) 인근의 토지 투자를 계획하고 기회를 잡을 수 있어야 한다.

〈항공 소음지역으로 예상되는 수산리 마을 일대〉

출처 : 지도제작업체 AOD   출처 : 저자 작성

〈항공 소음지역으로 예상되는 공항 남측 신산리, 난산리 일대〉

출처 : 지도제작업체 AOD   출처 : 저자 작성

　대부분의 투자자들은 활용도가 제한되는 공항 소음지역에 위치한 부동산 투자에 주저하지만, 실수요자의 입장에서는 매력 넘치는 곳일 수 있다.

　현재 제주공항 주변을 살펴보자. 공항 주변으로 형성된 상권 및 수요를 분석하면 렌터카 회사, 택배 회사, 물류 회사, 창고, 주유소, 농산물, 기념품 판매점 등으로 활용되고 있다. 공항으로 진입하는 주요 도로에는 특산물 및 기념품 판매점을, 공항을 빠져나오는 도로에는 DT(drive-through)에 적합한 부지 등도 참고해보자.

〈공항 입구 인근지역인 온평리 해안도로 일대〉

출처 : 지도제작업체 AOD   출처 : 저자 작성

제주 2공항을 빠져나온 차량은 일주도로, 해안도로를 따라 성산읍 신양리, 고성리, 오조리와 반대편 표선면, 스마트 혁신도시, 서귀포 방면으로 향할 것이다. 이런 변화로 해안가에는 자연스레 숙박업, 음식점, 카페 등에 어울릴 만한 토지의 수요도 증가할 것이다.

〈제주 제2공항 주 출입구 예정 위치인 온평리 436번지 일대〉

출처 : 지도제작업체 AOD   출처 : 저자 작성

앞에서도 언급한 것처럼 제주 제2공항은 지금부터 최소한 10년 이상의 시간이 소요되는 사업이다. 제주 제2공항 예정지 발표 이후 인근지역의 토지 가격은 낮게는 평당 수십만 원에서 수백만 원까지 호가가 상승했지만, 그럼에도 불구하고 투자와 실수요 목적을 정확히 구분하고 접근한다면 아직도 기회가 많은 곳이다.

'관광객 대상의 체험형 농장 운영과 감귤 판매 목적'과 같은 뚜렷한 기준이 있다면, 항공 소음지역에 위치한 과수원 또한 꽤 매력적일 수 있다.

〈제주 제2공항 기본계획 수립 연구 용역 보고서 중 소음 관련 자료〉

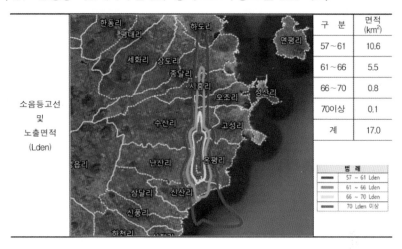

구 분	면적 (km²)
57~61	10.6
61~66	5.5
66~70	0.8
70이상	0.1
계	17.0

출처 : 제주 제2공항 기본계획 수립 연구 용역 보고서

기본계획고시, 환경영향평가, 실시설계 및 실시계획고시 등의 단계를 거칠 때마다 다시 한번 공항 예정지 주변의 부동산 시장은 출렁일 것이다. 특히 토지보상 단계에서는 제주의 토지 시장뿐만 아니라 주택 시장을 포함한 부동산 전반에 대해, 지역적으로는 성산읍지역을 넘어 제주시와 서귀포 도심지역까지 광범위하게 영향을 줄 것으로 예상된다.

우리가 투자할 시간은 충분하다.

제주 제2공항과 관련해 공항 입지 및 지역 분석, 공항 소음지역, 철새 도래지, 수산 동굴지역, 오름지역, 관리보전지역 등 다양한 이슈와 위험 요소들을 체크해보자.

또한, 제주 제2공항과 연계된 스마트 혁신도시 및 제3차 국가산업단지와 물류센터 등의 기회까지 파악한다면 보다 합리적인 투자를 할 수 있을 것이다.

제주 신항만 건설

제주 신항은 해양수산부 주관 국책사업으로 '제2차 신항만건설기본계획'을 수립했는데, 제주 신항을 해양 관광 허브 항만으로 조성한다는 목표 아래 현재 사업이 진행 중이다.

총사업비는 2.9조 원, 사업 기간은 2019년부터 2040년으로 주요 개발 내용은 크루즈 4선석과 국내 여객 9선석 13개소를 신설해 대규모 관광객을 수용할 수 있도록 하고, 관광·레저사업 지원을 위한 항만 배후부지 82만㎡를 조성하는 사업이다.

제2차 신항만건설기본계획

사드 배치와 코로나 영향으로 제주로 입항하는 크루즈 여객 실적이 급감했지만, 2023년 8월 중국 정부가 국내 중국인 단체관광을 허용하면서 2023년 3월까지 43회 예정되었던 크루즈 입항이 94회(2023년 9월 기준)로 많이 증가했고, 추후 연간 400~500대 입항이 가능하도록 신항 건설사업을 진행하고 있다.

제주 신항만 건설사업은 단계별 개발계획으로, 다음 자료와 함께 살펴보자.

1단계(2019~2030)는 크루즈 부두 2개 선석, 여객 부두 9선석, 항만배후부지 52만㎡(약 15만 7,000평), 터미널 1개소 등을 신설하는 사업이다.

2단계(2031~2040)는 크루즈 부두 2개 선석, 터미널 1개소와 항만배후부지 약 30.3만㎡(약 9만 1,000평) 등의 건설을 계획하고 있다.

매립지와의 연결 교량은 '탑동로(현재 라마다호텔 서측)와 제주 신항', '중앙로(탑동 광장 서측)와 제주 신항'을 각각 연결되는 구간에 설치될 예정이다.

〈신항만 건설계획 발췌 - 1단계(보라색 부분)와 2단계(핑크색 부분) 사업 구분〉

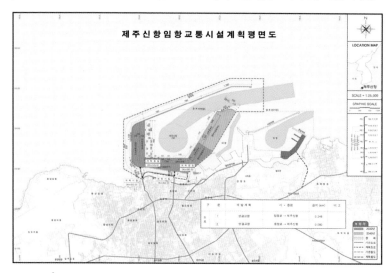

출처 : 해양수산부 제2차 신항만 건설기본계획

　　다음 그림과 같이, 빨간 점선으로 예정된 연결 교량 두 곳을 표시해보았다.

〈신항에서 연결되는 남측지역에 위치한 제주시 삼도2동〉

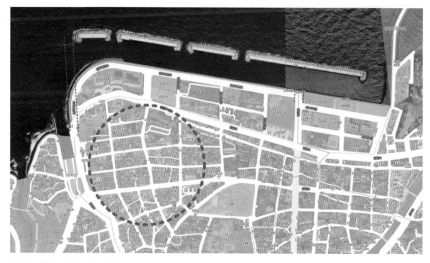

출처 : 네이버 지도, 저자 편집

삼도2동을 중심으로 건입동, 용담1동, 일도1동은 신항을 주요 경제 거점으로 혁신물류단지와 연계해 도심 활성화가 예상되는 지역이다. 관광객뿐만 아니라 상주 인구에 필요한 주거 및 상업 시설 등의 수요가 증가할 것으로 예상되어, 투자처로 주목해볼 만하다.

제주 신항 개발이 완료되면, 현재 제주항의 크루즈·여객 기능은 제주 신항으로 이관되어 일원화될 예정이며, 유휴화될 현재 제주항(다음 자료의 빨간 동그라미 부분)은 재개발사업을 통해 화물부두로 전환될 예정이다.

〈제주 외항 건설사업(작은 보라색 부분만 남겨두고 있음)〉

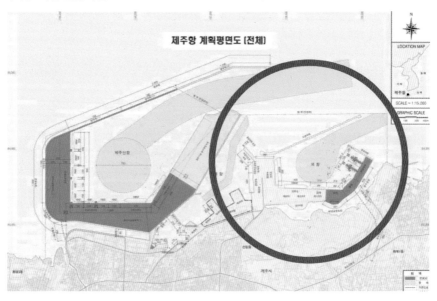

출처 : 제주외항 2단계 개발사업 환경영향평가서

외항 개발은 총 4단계로 진행되며, 1-1, 1-2단계는 현재 종료되어, 2, 3단계 진행을 앞두고 있다.

〈2단계 및 3단계를 남겨둔 모습의 제주 외항 전경〉

출처 : 저자 작성

다음 자료처럼 2030년까지 준공 예정인 주요 사업으로는 잡화부두 1식, 해경부두 1식, 화북이동으로 연결되는 교량 220m(**자료의 빨간 점선 표시 부분**)와 화북공업단지 입구로 연결되는 1km까지 진입도로 공사를 남겨두고 있다.

〈제주 외항 건설사업 2, 3단계 사업〉

출처 : 제주특별자치도 공간포털, 저자 편집

　　제주 외항과 화북동 간 교량 및 진입도로가 개설될 경우, 제주항의 교통량 분산 효과를 가져올 것이다. 이와 더불어 신항이 여객 기능을 수행하고, 제주항과 외항은 화물 부두 중심으로 운영되어 제주 외항에서 출발한 원자재 등의 물류는 화북공업단지, 조천읍을 거쳐 제주 제2공항과 인근 물류단지 또는 성산항까지 빠르게 운송될 것이다.

〈제주 신항 여객 수요 전망〉

구분		2017년	2020년	2025년	2030년	2040년	비고
크루즈	여객(천명)	190	365	1,040	1,468	1,533	
	입항횟수(회)	98	169	480	678	708	
국내여객(천명)		1,693	1,849	2,056	2,217	2,217	

출처 : 제2차 신항만 건설계획

해양수산부의 제주도 크루즈 여객 수요 전망 수치를 보면, 2020년 169회를 예상했지만, 사드 배치 등 외부 요인으로 34회에 불과했고, 2023년도 역시 94회에 그친다. 현재까지 항만 개발은 그 사례가 많지 않고, 비교적 오랜 시간이 소요되는 사업이나 그 사업성과 수익성, 주변 상권의 파급력은 상당하기에 제주도 투자를 고려한다면 제주신항 개발계획도 면밀히 검토해보자.

하지만 최근 중국인 단체 관광이 허용되고, 시진핑 주석의 방한까지 거론되면서 얼어붙었던 한중관계가 완화될 분위기가 감지되고 있다. 만약 외교 문제 및 국제 정세가 정상화될 경우, 2025년도 크루즈 입항 예상 수치인 480회가 결코 공염불이 아니다.

'동트기 전이 가장 어둡다, 하지만 해는 반드시 떠오른다'라는 말처럼 현재까지 항만 개발은 그 사례가 많지 않고, 비교적 오랜 시간이 소요되는 사업이나 그 사업성과 수익성, 주변 상권의 파급력은 상당할 것이다. 따라서 제주도 투자를 고려한다면 제주신항 개발계획도 면밀히 검토해보자.

도시계획 시설 - 도로

오랫동안 부동산 투자를 한 투자자들은 '도로가 돈의 흐름을 말해준다'라는 말을 종종 한다. 그만큼 도로는 부동산 가치에 큰 영향을 미친다.

제주 부동산 투자 시 도로에 관해 확인해야 할 사항은 무엇일까?
첫째, 지적상 도로인지, 현황 도로인지 도로 현황을 파악하자. 토지에 접한 도로는 지적상 도로여야 하며, 3m 도로 폭 이상의 도로에 2m 이상 접할 경우에 기본적으로 개발행위(건축)이 가능하다.

반면, 현황 도로의 경우는 어떨까? 출입로 너비가 4m 이상이면 판례 조건에 따라 건축 허가를 받을 수 있다. '사실상의 도로 폭이 4m 이상으로서 1975년 12월 31일 이전에 이미 주민들의 통행로로 이용되고 있었다면 이는 건축법상 도로에 해당한다'라는 대법원 판례가 있기 때문이다.

반면, 출입로 너비가 4m 미만인 경우, 제주특별자치도 건축 조례에 따라 주민이 장기간 통행로로 이용하고 있는 도로로서 도지사가 이해관계인(토지주 등)의 동의를 얻지 않고 위원회의 심의를 거쳐 지정할 수 있는데, 다음의 경우에 해당한다.

① 주민 통행로로 사용하고 있는 복개된 하천, 제방, 공원 내 도로, 구거, 농로 그 밖에 이와 유사한 국·공유지, 공공기관에서 주거환경개선을 위해 포장한 도로, ② 주민이 사용하는 통로로서 해당 통로를 이용해 건축 허가나 신고된 건축물이 있는 경우, ③ 건축물대장에 기재된 건축물이 2개소 이상 접해 있는 사실상의 통로 등일 경우다.

이러한 사실 관계는 공무원 확인 결과에 전적으로 한정할 것이 아니라 건축 허가 신청자의 적극적인 현황도로 입증 노력도 필요하다.

둘째, '지적상 도로의 지목과 소유자는 누구인지?'를 살펴보자. 간혹 대지 혹은 나대지가 도로에 접했을 때, 국도, 시유지, 군유지 등 국가 소유의 도로는 관계없지만, 개인 소유의 도로(사도)일 경우, 건축허가를 받는 데 문제가 발생할 수 있다.

지목이 도로임에도 불구하고 어떤 문제가 있을까? 해당 개인 소유의 도로를 접한 나대지는 건축물 신축 시 기반 시설(상수도, 하수도 등) 인입을 위한 도로 굴착 등이 필요한 경우 해당 도로의 소유주의 동의를 받아야 하는 문제가 발생한다.

따라서 토지 매수 시 토지에 접한 도로의 소유가 개인일 경우, 해당 시청 건축과와 건축사 등에 문의해 도로 소유주의 동의가 필요한지 우선 확인해야 한다. 동의가 필요한 경우, 해당 도로까지 매수를 하거나, 건축 허가 시 필요한 동의를 해주는 조건으로 매매계약 등을 체결해야 한다.

셋째, '도시계획도로에 접한 토지일 경우, 건축이 불가능한지?'의 여부를 살펴보자.

〈도시계획 시설(도로) 사업 순서〉

출처 : 제주도청 도로관리과, 저자 편집

기본적으로 도시계획도로에 접한 토지는 맹지이므로 도로 준공검사 이전에 건축 허가를 받기는 어렵다.

다음 사례 토지에 대해 필자는 해당 건축 허가청인 제주시청 담당자와 면담을 거쳤으나, 원론적으로 '건축 허가가 불가하다'라는 답변을 받았다.

반면, 도시계획도로가 '실시계획인가'를 득하면, 해당 도로의 도로 지정 심의 과정을 거쳐 건축 허가를 받을 수 있다'라고 건축사로부터 자문을 받았다. 다행히 사례 토지의 도시계획도로는 '실시계획인가'를 받은 상태였고, 도로 지정 심의, 건축허가, 착공 및 준공의 과정을 거쳐 상업용 건물이 들어서 있다.

이렇듯 같은 토지에 대해서 허가부서와 건축사 등 의견이 서로 다를 수 있으니, 원하는 개발행위가 있다면 다양한 의견을 수렴할 필요가 있다.

넷째, '도로에 기반 시설이 인입되어 있는지?'에 대해서도 살펴보자. 해당 도로상 전기, 상수도, 하수도의 인입 여부, 혹은 해당 도로에 접한 토지로 인입 작업이 가능한지 반드시 확인하자.

무엇보다 중요한 것은 최근에 하수도 배출에 관한 조례가 개정되어, 동지역과 읍·면지역, 하수처리구역과 하수처리 외 구역에 따라 공공 하수관로 연결 및

〈도시계획도로를 통해 건축 허가를 받은 토지 사례〉

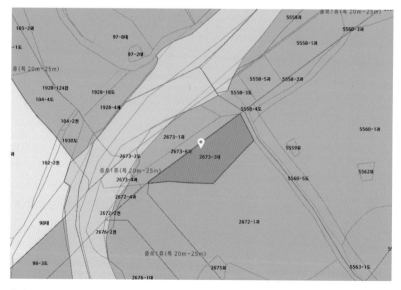

출처 : 토지이음

개인 하수처리 시설을 이용한 하수 배출 조건이 다를 수 있으니, 반드시 주무관청에 확인이 필요하다.

또한 상수도와 하수관로 연결이 필요한 경우, 연결이 필요한 지점과 인입 거리에 따른 대략의 공사비를 산출하고, 물리적인 구배(**해당 지역의 표고, 도로와의 높낮이 관계**)에 따라 하수관로 연결 가능 여부도 꼼꼼히 살펴야 한다. 더불어 공공기관에서 포장한 신설 도로(**재포장 포함**)의 경우, 도로포장 시점으로부터 3년간 도로 굴착이 금지되어 건축 허가를 받을 수 없는 점도 유념하자.

끝으로 '도로의 변화와 흐름'을 예측해보자. 해당 도로의 가치와 생명력은 해당 도로 조건만으로 결정되는 것이 아니라 주변지역을 넘어 인근 지역의 개발 호재, 주변 도로와 연결되는 상태, 타 도로 개설 여부 등과 서로 영향을 주고받는다.

가령, 기존에 제주시 일주도로와 연삼로(**연동–삼양 간 도로**)를 따라 도심이 활성화되었다면, 현재는 연북로(**연동–화북 간 도로**)를 따라 활성화되고 있다. 또한 도로가 신설되면 대체재 성격의 기존 도로는 단기적으로 침체되지만, 신설 도로로 차량이 증가하고 교통체증이 발생되면 다시 기존 도로로 차량이 분산되기도 한다.

이렇듯 미래에 제주 신항과 제주 제2공항이 개발되면, 수혜를 보는 도로와 침체되는 도로가 있을 것이다. 도로 변화와 흐름을 예측해 어떤 형태의 부동산에 투자해야 할지 고민도 필요하다.

〈제주시 화북 일동 소재 도시계획도로〉

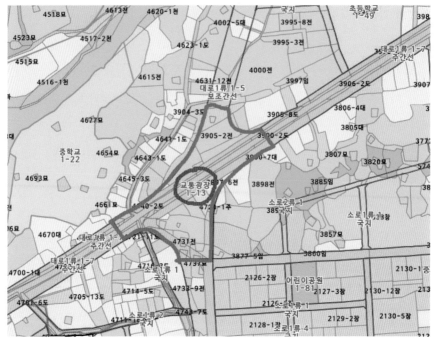

출처 : 토지이음

최근 지도상 제주시 화북일동 소재 도시계획도로인 교통광장에 접한 토지를
매수한 매수자님과 이야기를 나눈 일화가 있다. 이분은 이곳 시세를 잘 알면서
도 시세 대비 다소 비싸게 토지를 매수하셨는데, "현재 이용 현황과 미래 교통
광장에 접한 토지로서의 가치뿐만 아니라 배후지역의 개발 흐름과 연계한 투자
였다"라고 했다.

제주도는 타 시·도와는 달리 도로가 유일한 육상 이동 통로다. 도로 의존도
가 높은 만큼 도로가 부동산에 미치는 영향을 어떤 요인보다 민감하게 받아들
이고 이용해야 한다.

즉, 개발행위에 영향을 미치는 도로현황을 면밀히 파악해 그 도로를 둘러싼 지역의 개발 가능성과 흐름을 섬세하게 읽을 줄 아는 안목을 키우자.

2040 제주특별자치도 도시기본계획 의의

도시기본계획 학습의 이유

필자는 이 책 전반에 걸쳐 '제주특별자치도 도시기본계획'의 내용을 수차례 인용하고 언급했다. 과연 그 이유는 무엇일까?

도시기본계획은 도시의 미래상을 제시하고 장기 발전 방향을 제시하는 최상위 법정계획이며, 도시의 물리적·공간적 측면뿐만 아니라 환경·사회·경제적인 측면을 모두 포괄하는 종합계획이다. 부동산에 직접적으로 연관이 있는 인구계획, 공간구조계획, 토지이용계획, 기반시설계획, 도심 및 주거환경계획뿐만 아니라, 재정 집행과 관리와 같은 간접계획까지 두루 담겨 있다.

현재 제주도는 과거 무분별한 개발로 인해 쓰레기, 하수 등 심각한 환경과 교통 문제로 불편함에 직면해 있다. 이러한 문제를 인식하고 '사람과 자연이 공유하고 현재와 미래가 공유하는 도시'라는 목표의 '2040 제주특별자치도 도시기본계획'이 수립되었다. 무분별한 도시 외연 확장을 억제하고, 일률적 개발을 지양하는 반면, 기개발지를 활용한 압축 개발을 지향하고, 지역별 균형 발전을 위해 제주 동서지역에 추가적인 지역 거점을 육성하는 등 2가지 큰 틀을 포함하고 있다.

이러한 도시기본계획의 2가지 큰 흐름인 '압축 지향'과 '지역 거점'을 심도 있게 학습한다면, 제주도 부동산의 가치와 미래를 이해할 수 있다. 또한 그것을 바탕으로 보다 빠르고 안전한 투자가 가능하다.

압축 지향

'압축 지향'은 무엇을 의미할까? 우리는 그 의미를 제주도 특정 지역으로 세분화해 파악해볼 수 있다.

도심주거지역
현재 제주도 도시지역 대부분은 30m, 35m 등 고도지구로 지정되어 있다. 그 외 고도지구가 지정되지 않은 곳은 지구단위계획에 따라 층수와 건축물 높이 등 건축 제한이 따른다.

'2040 제주도 도시기본계획'에 따르면, 현재 토지이용의 문제를 진단한 결과, 주거지역의 고도 제한이 도심의 압축 개발을 저해하는 요소로, 재개발과 재건축에 의한 주택 공급을 저해한다고 분석하고 있다.

도시지역의 외연 확장을 억제하면서 많은 인구를 수용하는 도시 건설은 어떻게 가능할까? 2023년 2월, 제주시 노형동 주민들이 도시기본계획과 관련해 고도 제한 완화를 위한 주민 토론회를 열었다. 타 지역 간의 형평성과 균형 개발 등의 문제를 제기하며 고도 제한 완화 요구가 있었다. 오랫동안 타 지역과 함께 지정된 고도지구를 해제하는 것은 그리 간단한 문제가 아니다. 하지만 제주도가 일률적이었던 고도 제한을 합리적으로 수정할 수 있다면, 각종 정비사업(재건축, 재개발)도 탄력을 받을 것이다.

녹지지역과 비도시지역

현재 도시지역에 속해 있는 녹지지역은 지가가 저렴하기에 공동주택 등의 개발행위가 늘면서 무분별하게 도시 외연도 확장되었다. 그런 이유로 자연녹지지역의 도로 등의 기반 시설은 부족한 반면, 하수처리, 농지 잠식 등의 문제는 커지고 있다.

이에 따른 도시 관리 방안으로 도시지역 내 녹지지역은 개별입지*를 제한하고 계획입지**허용을 유도한다는 방침을 가지고 있다. 즉, 지역, 지구, 필지 규모 등을 고려해 건축물의 층수 및 규모에 관한 규정을 강화할 것이다. 수용 및 환지 방식 등으로 계획입지를 조성한다는 계획은 해당 지역에 투자 시 시간이 과다하게 소요될 수 있다는 점과 단기간 내 개발이 어려울 수 있기 때문에, 실수요와 투자의 목적을 나눠 접근하는 것이 바람직하다.

---

* 개별입지 : 민간이 직접 부지를 매입·개발해 시설을 설치하는 것으로, 부지 가격이 저렴한 대신, 환경 훼손·기반 시설 부족 등의 난개발을 초래함.
** 계획입지 : 공공이 조성한 토지를 분양·임대받아 공장, 주택 등의 시설을 설치하는 것으로, 계획적으로 조성한 단지이므로 도로·공원·환경기초 시설 등의 기반 시설이 잘 갖춰져 있는 대신, 단지 조성에 시간이 걸리므로 부지 가격이 비싼 경향이 있음(국토교통부).

비도시지역은 별도의 제주특별자치도 도시계획조례에 의해 생태계 보전지구를 등급화해 관리해왔지만, 3등급 이하의 지역에 소규모 개발이 꾸준하게 이루어져왔다.

비도시지역의 계획관리지역은 '선 보전 후 개발' 원칙을 수립하고, 단계적으로 조례 개정을 통해 개발행위 인허가 기준 강화, 건축물 층수 제한 강화, 용도지구 지정을 통한 관리 등 전체적인 제한이 증가될 것이다. 즉, 현재 녹지지역 및 비도시지역에 속한 토지를 소유하거나 매수를 고려한다면, 실사용 목적으로 개발행위를 할 경우, 규제가 변경되기 전에 필요한 건축 인허가를 미리 받아두길 권하며, 투자 목적인 경우 빠른 매각을 고려하자.

해안도로변지역

해안도로변에는 바다 조망에 어울리는 카페, 식당, 숙소 등 개발행위가 꾸준하게 증가해 해안의 경관 사유화 및 환경훼손의 가속화로 기존에 개발된 곳을 제외한 지역의 개발을 제한하고 있다.

구체적으로 주거지역, 상업지역, 공업지역과 자연취락지구를 제외한 해안도로변 토지는 전부 용도, 건축물과 그 길이, 면적 등의 제한을 받는 특화경관지구로 지정하고 있어 주거, 상업, 공업지역 및 자연취락지구는 비교적 개발행위가 자유롭다. 해안도로변의 기개발지는 이미 가격 상승으로 투자가 쉽지 않을 것이다. 그렇다면 우리는 장기적으로 도시지역 편입 예정인 해안도로변 토지를 살펴볼 필요가 있다.

한편, 제주도는 해안의 경관 사유화를 방지하기 위해 용도지역 운영 원칙을 강화할 예정이다. '용도지역의 종상향'에 따른 이익 환수 등 소위 '경관세'를 매긴다는 논리로 도시지역으로 편입되는 토지 매수 시 이 또한 고려해야 한다.

〈2040 제주특별자치도 도시기본계획 - 도시지역 추가 편입 예시〉

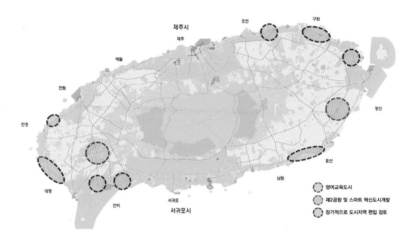

출처 : 2040 제주도 도시기본계획

'2040 제주도 도시기본계획'에 따르면 도시지역 편입 예시지역은 제주시 지역의 북촌리, 월정리, 행원리, 한동리, 하도리, 종달리, 판포리와 서귀포시 지역의 사계리, 감산리, 신도리, 무릉리, 영락리, 일과리, 태흥리, 신흥리, 토산리, 세화리, 등으로 이미 도시화가 많이 진행되어 지역 내 건축물과 인구밀도가 높은 지역을 우선적으로 눈여겨보자.

중산간지역

중산간지역은 곶자왈과 오름 등이 고루 분포되어 그 생태환경 및 경관의 보전가치가 높은 곳으로, 표고 300m 이상 지역에 대해 보전 계획을 수립할 대상지역이다. 최근 제주특별자치도 의회는 중산간지역 등 하수처리구역 외 지역에 개인 하수처리 시설을 허용하되 지하수 특별관리구역 위주로 난개발 방지를 위해 개발행위 허가 기준을 강화하는 도시계획조례 일부개정안을 가결했다.

앞으로는 하수처리구역 외 지역의 개인 하수처리 시설 설치가 가능해져 공공 하수관로의 연결 없이는 건축이 불가능했던 제주시 동지역 하수처리구역 외 지역의 개발 여건은 개선되었다. 그럼에도 불구하고 중산간 지역에 대한 제주도의 방향은 '관리와 보전'이다. 각종 인허가는 엄격해질 것이며, 개인 하수처리 시설에 대한 실태 점검 또한 강화될 것이다.

지금까지 우리는 '압축 지향'이라는 관점에서 4가지 지역을 살펴보았다. 제주 원도심의 오래된 부동산들이 새롭게 보일 것이며, 비싸게만 보이던 제주 해안도로변의 토지가 매력적으로 보일 것이다.

지역 거점

'2040 제주특별자치도 도시기본계획'의 또 하나의 큰 흐름은 '지역 거점'이다. 제주도 도시기본계획에 따르면, '지역 간 균형 발전을 위해 성장 거점을 활성화시킨다'라는 실천전략을 명시하고 있다. 즉, 지역적으로 제주시와 서귀포시에 각각 위치한 구도심을 밀도 높게 개발을 한다면, 제주 동·서지역의 주요 사업을 중심으로 '지역 거점'을 조성한다는 큰 흐름이 있다.

세부 계획들을 통해 지역 거점의 의미를 살펴보면 다음과 같다.

공간구조 및 생활권계획

도시기본계획에 있어 공간구조 설정은 '중심지를 설정하고 해당 중심지의 기능 부여가 선행되어야 한다'라고 되어 있다.

여기서 우리가 주목해야 할 사항은 '공간구조 계획'에서도 나타나듯이 현재 제주시와 서귀포시 각각의 중심기능을 수행하는 구제주, 신제주, 서귀포 도심 등의 3개의 광역 거점에 더해 '새로운 지역 거점을 제주 동부와 서부에 각각 조성한다'라는 계획이다.

〈2040 제주특별자치도 도시기본계획 – 공간구조 개편 방향〉

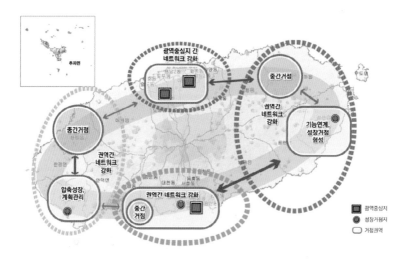

출처 : 2040 제주도 도시기본계획

동부와 서부의 공간구조 방향 및 생활권 기능을 각각 살펴보자. 동부 생활권의 중심은 제주 제2공항, 공항 배후 복합도시(스마트 혁신도시), 산학연 클러스터*

---

* 산학연 클러스터 : 기업, 대학, 연구소 따위가 한군데 모여서 서로 간에 긴밀한 연결망을 구축해 상승 효과를 이끌어낼 수 있도록 한 곳

가 중심지의 주요 기능이 될 것이다.

〈2040 제주도 도시기본계획 – 동부 생활권 기본 구상도〉

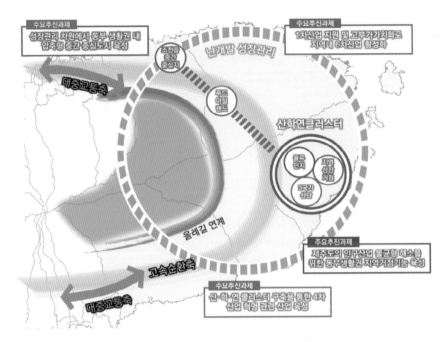

출처 : 2040 제주도 도시기본계획

　제주 제2공항을 중심으로 지역 중심도시(**공항 배후 복합도시**)가 성산읍과 표선
면에 걸쳐 조성되며, 일부 현재 도심생활권에 집중된 공공기관을 이전하고, 국
가산업단지, 물류단지 등이 들어설 예정이다.

〈2040 제주도 도시기본계획 – 서부 생활권 기본 구상도〉

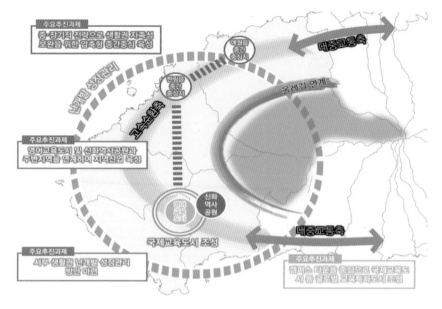

출처 : 2040 제주도 도시기본계획

　서부 생활권은 영어교육도시 및 교육특화도시 중심으로 교육도시 완성과 관광 인프라 기능을 수행할 것이다.

　서부 생활권은 고등교육 특성화, 시니어 교육, 전문학교 등을 포함하는 글로벌 도시가 구현될 예정이다. 또한 영어교육도시와 신화역사공원 중심으로 콤팩트시티를 조성해 압축 성장을 유도하고, 그 외 해안과 중산간의 난개발을 방지한다는 계획이다.

　실제로 이러한 계획의 영향으로 제주 신화월드 인근에 제주 최초로 창고형 대형마트인 '코스트코'가 입점될 전망이다.

인구계획

'지역 거점' 형성에 성패를 가를 가장 큰 요인은 '인구'다. 계획된 인구 유입이 예측될 때, 이에 필요한 주택, 상업 시설, 도로 등 기반 시설의 확보가 가능하고 지역 거점 기능도 원활히 수행할 수 있게 된다.

〈2040 제주도 도시기본계획 – 인구배분계획 자료〉 (단위 : 1,000명)

구분		합계	제주시 도심 생활권	서귀포시 도심 생활권	서부 생활권	동부 생활권
2020년	상주인구	675	381	102	103	89
2025년	계			890		
	상주인구	720	391	111	117	101
	유동인구			170		
2030년	계			940		
	상주인구	750	392	122	126	110
	유동인구			190		
2035년	계			970		
	상주인구	780	391	132	136	121
	유동인구			190		
2040년	계			1,000		
	상주인구	800	392	135	144	129
	유동인구			200		

출처 : 2040 제주도 도시기본계획

도시기본계획에 따르면, 전체 상주인구계획은 2020년 기준 67만 5,000명에서 2040년 80만 명으로 약 12만 5,000명(18.5%)이 증가하는 계획을 세웠다. 보다 구체적으로는 서부 생활권(영어교육도시 중심)과 동부 생활권(제주 제2공항 중심) 상주인구를 각각 4만 1,000명, 4만 명씩 증가시키는 계획을 수립했다. 지역별 균형 발전을 위해 각종 개발사업에 따른 사회적 유입 인구를 감안하고 서부, 동부 생활권에 인구를 우선 배분했음을 알 수 있다.

토지이용계획

토지이용계획은 계획 인구가 머물 공간적 측면에서 주의 깊게 살펴야 한다.

영어교육도시의 면적은 3.79㎢(공동주택 지구 조성면적 기준)로 현재 비도시지역의 지구단위계획구역으로 지정되어 있다. 금번 도시기본계획 시가화 용지 계획에 따르면 '원활한 도시 관리를 위해 현재 영어교육도시를 향후 도시지역(주거 용지)으로 관리한다'라고 명시되어 있다.

반면, 시가화 예정용지 계획에 따르면, 동부지역에 제주 제2공항 배후 복합도시(스마트 혁신도시) 및 제3차 국가산업단지(조성계획 면적 4.9km)로 성산읍 성읍리, 신풍리, 삼달리, 난산리 일대 등을 계획하고 있다.

서부 생활권에는 교육특화도시 조성에 필요한 면적 1.65㎢를 추가적으로 시가화 예정용지로 계획하고 있다. 즉, 현재 영어교육도시의 절반에 달하는 면적이 추가로 교육특화도시로 건설될 것이다.

끝으로, 이런 도시계획의 방향성에 따라 부동산 투자 기회를 살펴보면, 제주 원도심과 신도심, 서귀포 신도심의 압축 개발은 재건축·재개발 등 정비사업 시 고도 제한 완화 등을 통해 그 사업성이 개선될 것이다.

제주 동부 생활권, 서부 생활권은 각각 제주 제2공항과 배후 복합도시 건설, 영어교육도시 및 교육특화도시 중심의 지역 거점으로 조성될 것이며, 용도지역의 상향 등의 과정을 거치며 부동산의 가치가 상승할 것이다.

이상으로 제주 부동산 투자에 필요한 기초 지식과 제주 부동산의 특징, 유의할 점, 제주도의 부동산의 방향 등을 살펴보았다.

여기에 그치지 말고 이를 바탕으로 꾸준히 부동산 학습과 임장을 병행한다면 높아진 실력만큼 부동산의 숨은 가치를 찾을 수 있을 것이다. 기회는 그렇게 우연을 가장해 필연처럼 다가오기 마련이다.

실행을 이끄는 2가지 도구

내가 이렇게 글을 마치는 순간이 올 줄은 전혀 기대하지 않았다. 작년 이맘때쯤 '기회가 되면 책을 한번 써봐야지!'라는 다짐은 했지만 막연한 생각이었다. 새로운 도전은 누구에게나 시작이 어려운 것처럼 나에게 '책 쓰기'가 그랬다. 그랬던 내가 어떻게 6개월 만에 책을 쓸 수 있었을까? 나는 부동산 투자뿐만 아니라 다른 목표에도 적용할 수 있는 2가지의 단순한 기준을 세웠다.

첫째, 원하는 목표를 구체적으로 써서 잘 보이는 곳에 놓아두는 것이다. 정말 헛소리처럼 들릴지 모르겠지만 그것이야말로 세상 모든 일의 시작이라는 것을 깨달았다.

3년 전부터 나는 연간 목표인 비전보드와 영업계획표, 시간계획표 등을 작성해서 한눈에 보이게 책상에 놓아두었다. 스스로도 믿기지 않지만 매년 그중 약 90% 이상의 목표들을 달성할 수 있었다.

누구나 정도의 차이는 있겠지만 연말이나 연초가 되면 일정, 시간, 학습, 자산, 다이어트 등의 목표를 계획한다. 나 또한 계획을 세웠고 놀랍게도 그런 목표의 결과는 '그것들이 잘 보이는 곳에 있었나?' 여부가 결정한다는 것을 몸소 경험하게 되었다.

'목표를 세우고 매일 보기만 해도 이뤄진다고?'라고 생각할 수 있겠지만, 오히려 너무 사소한 일이기에 많은 사람이 간과했던 것은 아닐까?

나는 '견물생심(見物生心)'이라는 고사성어를 정말 좋아한다. 그래서 타고 싶은 스포츠카와 살고 싶은 주택 사진을 책상 위에 붙여놓았다. 욕심이란 인간의 본성이 사물을 접하면서 드러나는 자연적인 감정이기 때문이다. 나의 성공의 첫 번째 열쇠는 이렇게 내가 원하는 삶의 방향을 정하는 것이다.

둘째, '남과 비교하지 않는 것'이다. 삶의 목표나 원칙 없이 남들과 비교하는 삶을 사는 사람들은 모아놓은 재산과 성취한 바가 많더라도 스스로 만족할 줄 모른다.

반대로 자신이 정한 목표를 위해 살아가는 사람은 좀처럼 흔들리지 않는다. 타인의 생각과 시선은 전혀 중요하지 않다. 삶의 가치를 깨닫고 자신의 계획대로 묵묵히 실행할 뿐이다.

나는 계획한 대로 실행했고 스스로 만족한다. 앞으로도 지금처럼 새로운 꿈을 계획하고 실행해나갈 것이다. 그 과정에 실패도 있을 것이다. 하지만 꺼지지 않는 촛불을 가슴속에 간직한다면 그 실패 경험이 우리를 더욱 단단하게 해줄 것이다. 나의 성공의 두 번째 열쇠는 '주체적인 삶'을 추구하는 것이다.

부동산은 학문이 아니다. 실천이다. 이 책은 실제 부동산 투자 경험을 바탕으로 실패와 성공 사례 등 제주도 부동산 투자 시 꼭 필요한 내용을 담았다. 부동산 투자를 어려워하는 분들에게 큰 도움이 되길 바란다.

여러분의 부동산 투자 시작과 실천, 성공을 응원한다. 더불어, 이 책이 나오기까지 도움을 주신 분들께 고마움을 전한다.

집필 기간 동안 중개업무와 쌍둥이 윤진, 윤주를 살뜰하게 챙겨준 아내가 없었다면 결코 이 책을 쓸 수 없었을 것이다. 그런 아내에게 진심으로 고맙고, 사랑한다라는 마음을 전한다. 그리고 생전에 항상 응원해준 아버지와 아직도 마흔이 넘은 막내 걱정을 하는 어머님께도 감사드린다.

또한 영원한 부동산 멘토 김태한 선생님, 중개실무 능력을 키워준 네오비와 조영준 교수님, 부동산 강의를 도와준 서담채 식구들, 이 책의 집필을 도와준 선우책방 가족과 이영희 선생님, 언제나 열 일 제쳐두고 도움을 주는 최상국 건축사님, 조현자 세무사님, 고광철 법무사 사무장님, 매일 블로그를 통해 베푸는 삶의 영감을 주는 《부의 통찰》 저자인 부아c님, 지금 이 책을 읽어주시는 독자분들께도 감사의 마음을 전하고 싶다.

"모두 감사드립니다."

나만 알고 싶은 제주 부동산 투자 비법

제1판 1쇄 2024년 3월 19일

지은이   장혁철
펴낸이   허연   **펴낸곳**   매경출판(주)
기획제작 ㈜두드림미디어
책임편집 최윤경, 배성분   **디자인**   얼앤똘비악earl_tolbiac@naver.com
마케팅   김성현, 한동우, 구민지

매경출판㈜
등록 2003년 4월 24일(No. 2-3759)
주소 (04557) 서울시 중구 충무로 2(필동1가) 매일경제 별관 2층 매경출판㈜
홈페이지 www.mkbook.co.kr
전화 02)333-3577
이메일 dodreamedia@naver.com(원고 투고 및 출판 관련 문의)
인쇄·제본 ㈜M-print   031)8071-0961
ISBN 979-11-6484-664-1 (03320)